WHAT IS GEOGRAPHY

地理学是什么

（第二版）

王恩涌　许学工　著

北京大学出版社

PEKING UNIVERSITY PRESS

图书在版编目(CIP)数据

地理学是什么/王恩涌,许学工著. —2 版. —北京:北京大学出版社,
2023.8
　(未名.自然科学是什么丛书)
　ISBN 978-7-301-34071-4

Ⅰ.①地⋯　Ⅱ.①王⋯②许⋯　Ⅲ.①地理学—普及读物
Ⅳ.①K90-49

中国国家版本馆 CIP 数据核字(2023)第 099745 号

书　　　名	地理学是什么(第二版)
	DILIXUE SHI SHENME（DI-ER BAN）
著作责任者	王恩涌　许学工　著
责 任 编 辑	魏冬峰
标 准 书 号	ISBN 978-7-301-34071-4
出 版 发 行	北京大学出版社
地　　　址	北京市海淀区成府路 205 号　100871
网　　　址	http://www.pup.cn　新浪微博:@北京大学出版社
电 子 信 箱	zpup@pup.cn
电　　　话	邮购部 010-62752015　发行部 010-62750672
	编辑部 010-62750673
印 刷 者	北京中科印刷有限公司
经 销 者	新华书店
	890 毫米×1240 毫米　A5　9.875 印张　206 千字
	2008 年 5 月第 1 版
	2023 年 8 月第 2 版　2023 年 8 月第 1 次印刷
定　　　价	68.00 元

谨以此书的再版

纪念尊敬的地理学家、地理教育家王恩涌先生(1927—2023)

序

林建华

　　我们大家都已经习惯了现代技术提供的舒适生活，也很难想象在现代科学和技术出现之前，人们是怎么生活的。实际上，人类享有现代生活方式的时间并不长。上个世纪的大多数时期，通信和交通工具并没有现在那样先进和普及，人们等待很长时间，才能得到家人的信息。那时也没有现在充足的食物和衣物，很多地区的人们都在为生存而痛苦挣扎。我们应当感谢现代技术提供的富庶和便捷的生活，也不能忘记这一切背后的科学，正是人们对自然界不懈的科学探索和知识积累，才奠定了现代技术的基础。

　　人们对自然界的探索源于与生俱来的好奇。自然界是由什么构成的？为什么会有日月星辰？各种生物为什么都会生老病死？这些古老的问题一直激励着人们的想象力和好奇心，也引发了人们对大自然的科学探索。从对自然界零星的认知，到分门别类的系统科学研究，从少数人茶余饭后的个人爱好，到千百万科学大军的专业探索，经过了数百年的努力，我们已经构建了像数学、物理学、化学、生物学、地球科学与天文学等众多学科领域,人们对自然界的认知已有了系统的知识体系,形成了各自的科学思维方法和理论体系。正是基于科学的发现和认知,我们才有可能创造出各种各样的新技术,来改变世界、改善人们的生活品质。

现代科学和技术已经深深地嵌入到人们日常的生活和工作中。当我们用微信与朋友聊天的时候,手机和通信系统正在依照数理的逻辑,发生着众多的物理和化学过程。虽然我们不一定直接看到正在发生的科学过程,但它所带来的便捷和新奇,足以让我们对科学和技术的巨大威力感到震撼。通常我们能够直接感知的是由众多技术汇集而成的产品或工程,如雄心勃勃的登月、舒适快捷的高铁、气势宏伟的港珠澳大桥,当然还有舒适温暖的合成衣物、清洁安静的电动汽车和眼花缭乱的电子产品。这些琳琅满目的基于科学和技术的产品和服务,支撑了现代人的生活,也使人们对未来充满了期待和遐想。

在带来丰富多彩的物质资源的同时,科学和技术也在深刻影响着人们的思维方式。每个现代人都应当掌握一定的科学知识和科学思维方法,否则将很难适应未来的挑战。我们每天都会遇到很多统计数据,有关于国家和地方社会、经济发展状况的,有介绍人们健康保障的,还有很多产品广告、高回报金融产品宣传等。我们应当知道,真正可信赖的数据必须遵循科学的调查和分析方法。比如,任何科学研究方法都有随机和系统误差，缺少了误差分析，数据的可信度将大打折扣。

科学和技术是双刃剑，在给人们带来福音的同时，也会产生很多新的问题和挑战。资源与能源的过度消耗、环境与生态的持续恶化、对健康和医疗保障的过度需求等，这些都是人类将要面对的重大挑战。举一个简单的例子。人工合成的包装袋、农用地膜、一次性餐具、塑料瓶等塑料制品仍然在广泛使用，这些用品的确为人们的生产生活带来了很多便利。但我们可曾想过，这些由聚苯乙烯、聚丙烯、聚氯乙烯等高分子化合物制成的用品要经过上百年，甚至更长时间才能降解。如果我们长期使用并随意丢弃，人类的地球家园将被这些白色污染物所覆盖。这些问题的解决，不仅需要科学家的努力，还要使全社会都行动起来，更多地了解科学和技术，共同为子孙后代留下一个美好的家园。

过去几十年，中国的社会、经济、科学和技术都取得了长足进步，科学也从阳春白雪进入了寻常百姓家。面向未来，科学和技术在人们的生产生活中将发挥着越来越重要的作用。这要求我们的科学家不仅要探索学科前沿，解决人类面临的重大挑战和问题，还要积极传播科学知识，让社会公众更加了解科学，了解科学的分支和思维方式，了解科学的成就和局限，使科学和技术更好地造福人类。北京大学出版社推出的这套"未名·自然科学是什么"丛书，是一批卓有建树的科学家为普及科学所做的努力。这套书按照自然科学主要领域,深入浅出地介绍了相关学科的基本概念、发展历程及其与我们生活的关系。我希望大家都能喜欢这套书,也相信这套丛书将对普及自然科学知识、提高全民科学素养起到重要的推动作用。

目 录
CONTENTS

第一篇　了解地理学

第二篇　认识地理学

了解地理学

要完全理解现在，永远只有从历史出发才有可能。同样，要充分理解一种科学，也永远只有详细研究它的历史发展，才有可能。

——阿尔夫雷德·赫特纳

阿尔夫雷德·赫特纳(Alfred Hettner，1859—1941)是德国地理学家，近代地理区域学派奠基人。

第1章　地理学的历史与发展

1.1　地理学的今与昔

"地理"这个名词，大家都很熟悉，因地理课是中小学就学的一门课。说起来地理学是什么，大家最通俗的回答是：地理就是讲地面上的山脉、河流、城市、交通……关于为什么要学地理、学地理有什么用，则了解不多，因此，这影响到学生学地理的兴趣。

其实，地理学对我们是一门十分重要的课程。拿古人来说，形容一个人有知识，往往称他是"上知天文、下知地理、三教九流、诸子百家，无所不闻，无所不晓"。在这里，地理是与天文相对、摆在第二位，放在诸子百家、三教九流之前，可见其重要性。那时候，地理起了什么作用，为什么把它摆在如此突出、如此明显的地位？首先是生产，农业社会的农业生产关系到国计民生。为了搞好农业生产，就需要了解影响农业生产的气候与土壤，要防止灾害就要了解河流的水文与地貌，以便利用地貌搞好筑堤防洪，开渠灌溉。对国家来说，要搞好税收，就需要调查各地的田亩的质量优劣，人口的多少。为防卫国家的安全、征战行军就需要了解地理条件。三国时，诸葛亮为刘备提出《隆中对》称："今操已拥百万之众，挟天子而令诸侯，此诚不可与争锋。孙权据有江东，已历三世，国险而民附，贤能为之用，此可以为援而不可图也。荆州北据汉、沔，利尽南海，东连吴会，西通巴、蜀，此用武之国，而其主不能守，此殆天所以资将军，将军岂有意乎？益州险塞，沃野千里，天府之土，高祖因之以成帝业。刘璋暗弱，张鲁在北，民殷国富而不知存恤，智能之士思得明君。将军既帝室之胄，信义著于四海，总揽英雄，思贤如渴，若跨有荆、益，保其岩阻，西和诸戎，南抚夷越，外结好孙权，内修政理；天下有变，则命一上将将荆州之军以向宛、洛，将军身率益州之众出于秦川，百姓孰敢不箪食壶浆以迎将军者乎？诚如是，则霸业可成，汉室可兴矣。"若诸葛孔明对地理形势与政治、军事情况没有充分了解，很难提出此战略。由此可见，在古时，地理对国家的经济、政治与军事关系十分密切，所以列为知识之士的必备条件。

以我国改革开放的中心推移来看，先是在珠三角，后是长三角，现在又到渤海湾京津冀。其原因在于珠三角地临港澳的区位有关，所以率先兴起。长三角的浦东是借该地是我国工业与经济的中心，又是长江水道之首，不仅能发挥继发优势，而且能引发逆江而上的迅速扩大的形势。渤海湾在北方，只能沿海湾环状结构以带动东北、华北与山东。三地的差异地理环境与区位起着重要作用。

上述这些例子所体现的地理作用与我们日常生活还有距离，我们还不能直接感受到地理的作用。下面可以举一个例子，就是地图的作用。地图古时已经在军事、政治管理和航海方面应用。战国时荆轲刺秦王的故事已在我国广泛流传。荆轲之所以能够觐见秦王，就是因燕太子派荆轲携带樊於期的首级与燕的督亢地图。督亢是指燕的膏腴之地,送了地图,即等于献了该地。可见地图在古时之重要。现今因采用卫星与遥感等技术,把地图与导航定位系统结合起来,使原来用于飞机与船轮上的导航技术用于汽车。这样,汽车就可以按显示器上所选定地点,按图寻找出最优化的路途前进,给开车带来极大的方便。随着该技术的普及,可以想象到驾驶行为都是极度依赖地图、地理的行为。也可以说地理的知识和技术日益普及到每一个人,使地理知识关系每一个人的日常生活。人们注意的已不是地理是否有用,而是地理知识和技术如何运用。因此,地理既是一门古老的学科,又是一门新兴的学科。

1.2 "地理"之名的来历

地理一词在我国始现于《周易·系辞》。周易称:"仰以观于天文,俯以察于地理。"《淮南子》的解释是:"俯视地理,以制度量,察陵陆、水泽、肥墽、高下之宜,立事生财,以除饥寒之患。"东汉王充的解释是:"天有日月星辰谓之文,地有山川陵谷谓之理。"地理一词,是指对地上之物与现象给以有规律的解说。以地理命名的著作最早是班固编撰的《汉书·地理志》。他是按行政区划,对各行政区内的户口、山川、矿藏、物产、经济、聚落、名胜等进行记述。因此,地理学在我国古时是指对各地区的自然和人文现象进行记述的学科。

在西方，被认为地理学之父的埃拉托色尼（Eratosthenes，约前273—约前194）以希腊语中的 geo（即"地"）和 graphein（即"描述"）二字合成为英文的"geography"（地理学），即定义为对大地的记述。加上他以"地理学"为名写成三卷本专著，遂使 geography 一词成为西方地理学科的标准用语。

18 世纪时，柯尼斯堡大学哲学教授康德（Kant，Immanuel，1724—1804）讲授的自然地理课，不仅包括自然过程产生的地理特征，还包括人种及人类活动在地球表面所造成的改变。在他的逻辑分类中，把性质不同与起因不同的事物按照相同的发生时间与地点归在一起，按时间来对事物进行描述或分类的是历史学，按地区来对事物进行描述或分类的是地理学。按他的说法，历史学是时间的科学，而地理学是空间的科学。

由于科学与技术的发展，社会和经济的演进，环境、生态与可持续发展问题的出现，地理学亦发生很大变化。正是这种新形势下，在《简明不列颠百科全书》（1974 年第 15 版，中文 1985 年第 1 版）的地理学条目中称地理学原意是描述地球表面的科学，学科内容繁多，而且在时间上和空间上不断变化，研究范围广大，包括从地球表面到其上的大气圈和其下的地壳外层中所有自然的和人为的现象。地理学的目的不仅在于对地球表面特征进行描述，认识它们的分布格局，还必须分析各要素的位置，确立各要素之间的联系，考察产生和改变这种联系的过程。

在 1990 年出版的《中国大百科全书（地理学卷）》中，对地理研究对象概括为："地理学研究地球表面这个同人类息息相关的地理环境。"同时在解说此一定义时,提到"人类是在一定的自然地理环境中生存和发展的,因此人类的体质和社会、政治、经济、文化等活动,都存在着明显的区域差异"。

从以上对地理学所概括的内容与研究对象的变化来看,对地理学的认识在加深,从对地表现象的记述到研究人与环境之间的相互联系、相互影响的变化和过程。

1.3 古典时期的地理学

农业出现以后,在东半球出现埃及、巴比伦、印度河与黄河四大文明。

尼罗河的泛滥使两岸农地经常受到河水冲刷沉积,促进了埃及测地学与几何学的发展及对河流水位变化的观测。到希腊时代,人们不仅对地中海及周围的情况有所了解,还随着亚历山大的远征,视野又扩大到伊朗、中亚与印度河。

亚里士多德(前384—前322)是一个哲学家,著述很多,很多涉及地理。他以月蚀地球投影于月面形状、南北两地观星的高度不同及地心引力来说明地球为圆形。他还根据温度变化,认为地球南面有一个热带,北面有一个寒带,在南半球亦有相对应的温度带。

埃拉托色尼是杰出的地理学家,是他将希腊语中的"Geographica"定名为"地理学"，他根据埃及在一条子午线上两地于夏至日太阳阴影长度的比值，算出地球圆周长约为 39 360 km。此数据与地球实际周长十分接近。其次他接受前人关于欧、亚、非三洲分为五个温度带之说，给出数理界限，并在已知的世界地图上加上七条经度、七条纬度，他开创了用经纬度的科学方法制图之先声，如图 1-1 所示。

在东方，早在殷商的甲骨文中就保存了连续 10 天的天气记录。《管子·地员》是中国最早的综合自然地理著作。其中将丘陵分为 15 种类型；对土壤根据肥力分为三等；对植物的垂直带谱进行记述。

春秋战国时的《禹贡》和《孙子兵法》是重要的地理著作。《禹贡》是我国最早的区域地理著作，全篇 1 193 字，其所分九州是自然

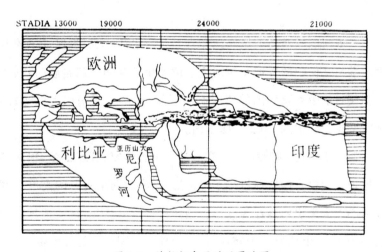

图 1-1　埃拉托色尼的世界地图

区划思想的萌芽。

《史记》是我国西汉时的著名历史学家司马迁所著。他在《货殖列传》一文中，根据全国社会经济、自然、人文情况分全国为江南、北方山东、山西和龙门—碣石以北四个大自然经济区。

《汉书·地理志》是东汉班固所著，该书中首创以"地理"命名的篇章。在"地理志"一章中，记述地理在历代行政管理、经济交流、户口登记、赋税收集、军事活动等方面的作用，使区域地理成为我国地理学发展中的重要部门。

先秦时期，中国人对世界的概念主要有"盖天说""四海说"。"盖天说"认为天像一个斗笠，地像一个反扣的盘子，"四海说"认为中国的四面为海水所环绕，世界似乎是一个海洋世界。

以上所述，在古典时期，东、西方地理发展出现的差异亦受其所在的地理环境影响，使西方偏于自然地理与地球整体，而东方则偏于人文、经济地理，注重区域。在方法上，西方重演绎，根据严谨的形式逻辑推理，而东方则在经验基础上注意关联分析，以类比方式予以说明。

1.4　中世纪时期的地理学

在中世纪时期，基督教已成为人们的精神支柱，一切思想、文化都必须符合对上帝智慧的崇拜。对地理学来说，则必须承认《圣经》

中上帝创造宇宙之说，对一切自然现象的解释都应以《圣经》为依据，影响了地理学的发展。当时的一位地理学家的著作[①]中，完全放弃了关于地球是圆的宇宙观，遵从《圣经》教义，认为地球形状如房子一样的摩西的"圣柜"（Moses' tabernacle）。

公元 7—8 世纪时，阿拉伯半岛伊斯兰教兴起，阿拉伯人遂向外扩展。

公元 10 世纪的巴尔基根据阿拉伯人所收集到的气候资料，编成一本《世界气候图集》。另一位学者马苏迪发现气候不仅受纬度变化的影响，也还受季风影响有东西方向上的变化。14 世纪的伊本·巴图塔，是一位伟大的旅行家，曾到过中国、印度和俄罗斯，沿非洲东岸向南到过南纬 10 度处，发现赤道地区温度反而比北非要温和，打破过去人们认为赤道酷热人不能居住的推论。

在中国唐、宋时期，统一的王朝，人口增多、经济繁荣，为管理需要，区域地理的地方志十分发达。唐宪宗时的《元和郡县志》，以全国十道所属州县为纲，分沿革、户口、四至八到、山川、贡赋、古迹等项。

郑和，为明内宫太监。从永乐三年（1405）到宣德八年（1433）的 28 年内奉命 7 次率船队下西洋，曾到达从东南亚的中南半岛、印尼直到印度洋的非洲东岸的 37 个国家。其所率领的船队共有船一两百艘，随员多达 27 000 多人。他们所到之处，主要进行经济文化交

---

① 科斯马斯（522—547）的《基督教地形学》。

流活动,显示了明王朝的国威浩大、中华的富裕繁荣。同时,吸引了很多国家派使臣来华朝贺,开展朝贡贸易。但是,船队所消耗的人力、物力与所带的馈赠珍品已成为明王朝盛时经济的重大负担,使国库难以支持,不得不停止再下西洋。

在中世纪时期,西方的地理学,由于基督教思想束缚,处于衰落中。阿拉伯人的兴起,使希腊、罗马的地理成就与思想得到继承与发展。而中国尽管唐朝有疆域的扩展,宋朝有经济的繁荣,明朝的海船访问了非洲,但是农业经济的内向,使地理学发展重于域内,区域地理的地方志达到新的高峰。可见,地理学的发展既在于所处的地理环境的动力推动,亦受其地理环境的条件所引起的人文因素所制约。

1.5　地理大发现及其对地理学的影响

这一伟大的历史—地理事件中的起始者有以下四人:1486 年,葡萄牙人 B.迪亚士发现非洲南端的风暴角(即好望角);1492 年,哥伦布航抵美洲;1498 年,瓦斯科·达·伽马开辟好望角通往印度的航路;1519—1522 年,麦哲伦及其船队完成人类首次环球航行。

地理大发现并不是偶然的事件。它是欧洲经济、社会发展的产物。15 世纪中叶以后,地中海东部的商路,以及经埃及出红海通往印度洋的航路,分别被土耳其人和阿拉伯人所控制,地中海与东方贸易的中介受阻，于是西欧各国的商人、航海家和探险家都急于探寻一条不经地中海东部地区直达东方的航线。

葡萄牙人于15世纪初，即开始沿非洲西岸南下，1486年，迪亚士船队南行终于到达好望角。1498年达·伽马率远征队驶往好望角，沿非洲东岸北上，迅速抵达印度的卡利卡特。

哥伦布于1492年8月率3条船、90个水手出发西航。经过70天航行，遂发现巴哈马群岛、古巴、海地等岛。西班牙人在该地却没有发现葡萄牙人从新航路的东方印度带回欧洲的香料。当得知该地不是东方的印度，而是新大陆——美洲，真正的印度还在新大陆的西边，因此，西班牙王室又支持了麦哲伦的西航。

麦哲伦遂于1519年，越过大西洋，沿巴西海岸南下，经历了缺乏水与食物的极端困难于1521年3月始到菲律宾。在与岛民冲突中，麦哲伦被杀身亡。船员随后在摩鹿加群岛获得香料返航，于1522年9月，以两条船，经好望角回到西班牙。

新航路、新大陆与航行世界一周的地理大发现使欧洲掀起了一场到世界各地去寻找新的资源、进行殖民活动的新高潮，也推动了到世界各地探险活动的大发展。这些活动获得了许多前人所不知道的地理现象，为全面了解全球各地地理现象，归纳与总结这些地理现象，提供有规律认识与建立科学的地理学创造了条件。

在这一阶段中，地理学的重要发展有：

（一）瓦伦纽斯的地理学新思想

瓦伦纽斯是17世纪的德国地理学家。他长期住在荷兰的阿姆斯特丹。那时,荷兰是世界经济中心,航运中心,地理发现信息的集中之地。瓦伦纽斯根据历史与现实所提供的地理知识、资料于1650年写成《地理学通论》。他认为地理学应分为两部分。描述适用于一切地区的一般普通原则的地理著作为通论地理学,而描述特定区域的地理著作为专论地理学(现称区域地理学)。他在其著作中,采用了哥白尼、伽利略等人以太阳为中心的宇宙说。据此,他第一个注意到赤道和高纬度带所受太阳热量不同,使赤道空气上升,而极地空气冷重引起空气流动,从而导致世界的风系。这样,他就从地球本身的特点到气候,并由此进入地球表面的地形、水文、森林、荒漠、矿物、动物、居民等。在地区的人文特征方面,他注意到居民及其体型、艺术、商业、文化、语言、政府、宗教、城市、名胜及著名人物。该书不愧是当时一本论述全面的理论著作,因此,其框架结构与内容范围对当时走向世界的各种人来说,都是一本必备的知识手册。

(二)地理环境与人类社会

早在古希腊时,就有人注意到气候与人的性格的关系。17世纪时,法国哲学家孟德斯鸠(1689—1755)在其《论法的精神》一书中提到"高大的山脉和广阔的平原(如在印度)使人产生一种过度的幻想和迷信","当自然形态较小而变化较多(如在希腊)时,就使人发展了理智"。当时,这种地理环境决定论思想甚为流行。

英国的经济学家、社会学家马尔萨斯(1766—1834)于1793年首次发表了他的《人口论》一书,书中摈弃了地球的安排决定于上帝的意志与人类社会可按上帝意志自然达到完善的思想，坚决认为一个真正幸福的社会的建立将永远受到人口增长超过食物的增长这一趋向的阻挠。他指出，人口以几何级数增加，而食物则以数学级数增加，而人口总是增加到其生存极限，至此就被战争、灾荒和瘟疫所控制。上述这些有关人与环境的关系的思想与认识，在当时试图打破宗教与上帝对社会的控制，探求社会的发展与地理环境的关系，毫无疑问具有积极的进步意义。

（三）新的地图制作

地理大发现后，人类关于地球是球体的认识得到证实，新的测量技术和探险活动带来很多有关地理方面的准确信息。人类在此基础上，编出的世界地图就大大地提高了精确度。但是地球是圆的，地面不是平的，而是中心突起的。为适应此要求，当时出现一种用圆柱投影制图的方法。这种图在反映低纬度地区的方向、距离与形状方面有高度的准确性，很大程度上满足了在低纬度地区的航海要求。该世界地图为墨卡托所制作，故其正轴等角圆柱投影亦称为墨卡托投影。

这一时段，最重要的地理成就就是地理学从局部地区走向世界，从局部的经验与推论走向实证，以世界性的实际探险、观察所汇集的资料为科学的归纳创造条件。

在此期间，中国地理学仍然在其基础上继续发展。在清初时，为抗清，顾炎武与顾祖禹两人对各地的地理环境中的各种带兵用兵的地理形势和军事攻守得失，经实地考察结合文献资料作出评述，分别写出《天下郡国利病书》与《读史方舆纪要》两本我国政治与军事地理方面的名著。

值得提及的是，清代中期，人口的迅速增长引起翰林院洪亮吉（1746—1809）的注意，他在其《治平篇》与《生计篇》中指出人口增长永远快于田地、房屋等生活资料的增长。对于人口与物质资料之间日益增长的矛盾，其解决方式有二：一种是水旱、疫疾等自然灾害和流行疾病造成大量死亡来减少人口；另一种是鼓励农耕、移民开荒等发展生产以缓和矛盾，但不能根本上解决问题。

1.6　科学地理学的建立

从 15 世纪末与 16 世纪初的地理大发现以后，地理学与过去时代相比，有了飞速的发展，但一直到 19 世纪中叶，地理学才从传统的地理学成为科学的地理学。科学的地理学的建立从其发展来看，是在三个条件的基础上建立的。这三个条件是：第一，人们对人类世界大部分地区有了科学的了解；第二，将所了解的各种地理现象表现在比较精确的地图上；第三，借助相关的科学发展成果，对所观察的各种地理现象进行科学的分析与归纳。

地理学是以全球的空间为对象的，在地理大发现以前，各国都是通过商业、军事和旅游等活动以扩大其所了解的空间，不但显得支离破碎，而且缺乏整体的全球观，所以所了解的地理现象都难以避免地受到地域的限制而存在片面性,对未知地域多含有臆测,与实际有较大出入。地理大发现后,到 19 世纪末,除北极,俄国东北与加拿大北部,格林兰的冰天雪地,非洲的撒哈拉沙漠中心与非洲等地的热带雨林,澳大利亚中心的干旱地区,南极大部分地区外,都已留下探险人员的足迹。

地图是反映地理空间最重要的工具。只有把所研究的地理现象准确地表现在地图上,才有利于科学人员分析其空间的特性与各种地理现象之间的相互关系。因此,精确反映地理现象的地图,既是对各地理现象进行科学研究的前提,也是地理现象研究的结果。例如,有了精确地图为底图,就能把热带雨林的分布范围表示出来,结合各地所观测的气温等气候数据,就能将气候与热带雨林两种空间现象作出科学分析与校正。到 19 世纪时,世界大部分地区都已有各种测量完成的地图。除冰原、苔原、交通条件极端的荒漠、森林以外地区都已有实际资料的地图。欧洲大部与美国东部甚至有五万分之一的实测地图。

很多地理现象往往与相关学科有紧密联系,甚至有些研究范围相互重叠。正是这种原因,一些相关学科的发展不仅为地理学中的相关分支学科发展提供条件,也为其相互促进创造机遇。例如,地质学是研究地球岩石圈的科学,它所研究的岩石、地层、构造和地壳运动对地形学影响很大。只有对岩石圈的情况充分认识后,结合地表的流水、冰雪、重力、风力、海浪等地貌营力才能研究河流地貌、冰川地貌、重力地貌、风沙地貌和海岸地貌。

上述的条件,促进了科学地理学的建立。一个学科的建立,可以说有三个标志。一是有一个该学科的人员组成的学术团体以交流学术,促进该学科的发展;二是在大学中建立该学科的教学单位培养该学科的学术人才;三是出现该学科的公认奠基性的学者,写出重要的理论性著作。

地理学的学术团体是各国的地理学会。法国巴黎地理学会创立于1821年,德国柏林地理学会创立于1828年,英国伦敦地理学会创立于1830年,俄国地理学会创立于1845年,纽约美国地理与统计学会创立于1852年(1871年后改称美国地理学会),中国地学会创立于1909年。这些学会为组织学术交流与刊物出版、推动地理学发展起到积极作用。国际地理学会在1871年召开第一届大会。国际地理联合会于1922年正式成立,以后是每4年召开一次。

大学地理教育方面,普鲁士在1820年于柏林大学开设第一个地理学讲座。接着,德国于1874年决定在各大学设置地理教授席以培养地理学的专门人才。接着欧洲各大学先后相继任命大学地理教授,开设地理课程。终于在1899年,英国牛津大学建立地理系,著名的政治地理学家 H. J. 麦金德教授担任第一任系主任,开启了世界各国在大学建地理系的先河。在我国,1913年在北京高等师范学校(北京师范大学前身)建立历史与地理合系的史地系。1921年在南京的东南大学建立地理系。

科学地理学的公认奠基人是冯·洪堡(1769—1859)与卡尔·李特尔(1779—1859)。他们两位都是德国人。

洪堡生于柏林,最初学地质学,曾是一名矿业工程师。后来,热衷于探险,与一位植物学家经西班牙去南美进行科学考察(1799—1804),先后在奥里诺科河与安第斯山等地区考察,到过南美很多国家。他广泛观察了中美洲各地的自然现象和居民生活,采集了大量的植物和地质标本。

他从南美返回欧洲,用了近 20 年时间,将考察资料整理成 30 卷本的《新大陆热带地区旅行记》出版。晚年又完成 5 卷本的《宇宙:物质世界概要》一书。前一著作为记事之作,后一为说理之作。他在科学上的主要贡献:首创世界等温线图,指出气候除受纬度影响外,还与离海远近、海拔高度、风向等因素有关。另外,他还对气候带分布、温度垂直递减、大陆性气候与海洋性气候差异等问题进行研究;在植物分布的水平分异与垂直分异,及植被景观的世界分区的研究基础上创建了植物地理学。由于对海水的研究他发现了秘鲁的寒流。在大量的实际调查中,他形成的地理思想大体可概括如下:① 认为地球是一个整体,人只是其诸要素的一部分;② 地理学探讨不同事物相互联系的差异性;③ 研究单一地理要素时,必须考虑与其他因素的联系。在研究方法上,他主要采取经验和归纳的方法,并认为他的地理观察不是单纯测定某一现象,而是要说明景观中大量可观察的现象在不同地区的相互结合和相互联系的方式。

卡尔·李特尔幼年受监护人影响喜爱地理,在大学学历史,但亦学习地理、数学、物理、化学、矿物、植物等课,毕业后在法兰克福大学讲授历史。1820 年,他任柏林大学首任地理学教授,直到去世。他是一位著名的地理教育家,创立了柏林地理学会(1928),他著有《地球学》(又译为《地学通论》)19 卷。与洪堡相比,李特尔是一个书斋学者,基本上是收集材料进行分析、综合。但是,他却能凭借在德国的观察实践经验敏锐地从众多的材料中抓住要点,用他的逻辑思维分析地理现象中各种因素的相互关系。

根据其著作,他在地理学思想上的贡献可以归纳如下:① 他对地理学的科学性质有明确的见地。他认为地理学将地球一切的特质、现象及关系视作一个独立的个体来研究,并且显示此整体和人类的相互关系。地理学是科学的一部分,地理学必须与其他有关学科相依存,但"必须保持自己的独立与个性"。它应"从自然的差别中去发现普遍的法则"。② 他认为地理环境是统一的、整体的,不是分散的、零碎的,所以地理不是事物的罗列和记述,而是发现其相互关系。③ 地理学的中心在于阐明"一切自然现象和形态之于人类的关系"。这种关系是相互的,自然可以影响人类,人类亦可以改变自然。④ 在人地关系中,他尤其着重相互关系的历史的演变。

洪堡和李特尔两人,一个从自然地理方面,一个从人文地理方面,为地理学的理论思维奠定了牢固的基础。

1.7　近代地理学的发展

洪堡与李特尔奠定科学地理学后,地理学在世界,特别在西欧和北美获得迅速发展。其发展表现在分支学科的建立与学术思想的林立。

1.7.1 分支学科的建立

由于自然地理部分受相关自然科学的影响，遂出现自然地理学下的分支学科，如：

（一）地貌学

它是研究地表的形态特征、成因、分布及其演变的学科。起初称为地形学，后来改为地貌学。因为地形受其所组成的岩层与构造影响很大，故在西方开始进入这一领域的主要是地质学家。而后，由于加强外力作用的分析，而成为地理学的一个最重要的分支。在19世纪末、20世纪初，德国的彭克对欧洲冰川地貌的研究和美国的戴维斯对美国西部地貌研究所作的理论总结为该学科奠定了基础。

（二）气候学

它是研究气候的特征、形成、分布和演变的学科。各种仪器的发明，提供了准确的与可以比较的量化数据，加上气象学的发展，使人们对气候的形成原因有了深入的了解。广大区域与全球的观测数据的汇集出现了全球的等温线图。在20世纪初，德国学者柯本根据气候同植物的关系，对世界的气候进行了分类并于1936年作出假想大陆气候示意图（见图1-2）。它使人们可以从全球规模上去认识地球表面气候类型分布的规律性现象。

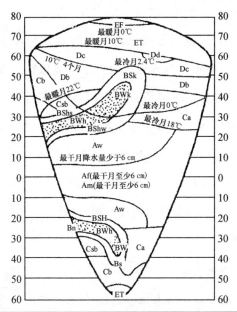

柯本气候类型	相应自然地带
EF　冻原气候	冰原带
ET　苔原气候	苔原带
Dc　冷温气候（冷夏）	寒温带针叶林带
Db　冷温气候（暖夏）	温带阔叶林带
Ca　温暖气候（热夏）	亚热带森林带
Cb　温暖气候（暖夏）	温带海洋性森林
Csb　温暖气候（夏干）（亦称地中海气候）	冬雨硬叶林带
BSk　草原气候（年平均气温低于18℃）	温带草原带
BShw　草原气候（年平均气温高于18℃）	亚热带草原带
BWk　沙漠气候（年平均气温低于18℃）	温带荒漠带
BWh　沙漠气候（年平均气温高于18℃）	亚热带荒漠带
Aw　热带稀树草原气候（位于Af，Am的范围内的东北与东南）	热带稀树草原带
Af　热带雨林气候	赤道雨林带

图1-2　理想大陆上柯本气候分类模型图

（三）生物地理学

它是研究动、植物在地球表面的分布及其与环境的关系的学科。例如洪堡正是通过实地调查发现了山地植物的垂直带与北方平原植被带的相似性，确定了植被与气候的依赖性。

此后，一些学者不仅对全球植被进行研究，还根据不同地区的植物种类的不同，探索物种与环境的关系。植物地理学遂成为介于地理学与植物学之间一门跨学科的科学。

在人文地理中，亦如自然地理一样，出现了一些分支学科。如：

（四）经济地理学

在传统地理学中，地理大发现后，航海活动，除探险活动外大都是商业性质。商业活动的发展，遂出现记述各地商品及与各地商品贸易有关的资料汇集，这样《商业地理学》著作问世。到工业革命后，随着经济的发展，经济地理学遂取代原商业地理学。特别是农业区位论与工业区位论的出现，提高了其理论性，经济地理学就成为人文地理学中的一个重要分支。

（五）政治地理学

它是研究国家的首都、边界、行政区划及其相关现象的学科。在李特尔以后，德国著名地理学学者拉采尔于1897年就发表其《政治地理学》，提出了"国家有机体"学说。英国的著名地理学家麦金德于1904年发表其《历史的地理枢纽》一文，提出其"陆心说"。政治地理学遂成为人文地理学中的一个话题。

1.7.2　学术思想的林立

科学地理学出现以后，不但发展迅速，而且注意吸收其他学科的新进展，其学术思想亦形成多家学说纷呈的现象。

（一）二元论

在瓦伦纽斯的著作中提出通论与专论，在洪堡和李特尔著作中出现原通论中的自然与人文之分。

随着研究地理学的学者或偏向自然或偏向人文，一些自然地理学学者用自然科学的思维方法可以推绎出一种符合自然科学的法则。但人文地理学中的人类行为的有关法则是无法订立的。因此，持极端观点的人认为，既然地理学只以研究地球为本体，故应只限于自然地理。持此论点的学者，进一步认为应以通论代表整个地理学。但是，上述极端的"二元论"思潮并未被大多数地理学家所认同。

到 20 世纪初，苏联地理学中出现了另一种"二元论"。他们认为自然地理学属自然科学，人文地理学属社会科学。人类社会的发展受社会发展所制约，自然环境在其中不起决定作用。人类可以利用自然规律改造自然。因此他们认为人文地理学是属于资产阶级的，这样，人文地理学在苏联被取消，只保留自然地理与以计划经济为指导的经济地理学。这种"二元论"的地理思想对我国当时地理学的发展影响很大。

（二）环境决定论

达尔文在 1859 年出版的《物种起源》中说明了环境通过自然选择在物种形成中的作用，对地理学中的环境决定论亦起着重要作用。19 世纪末，德国地理学家拉采尔接受达尔文的思想把国家比拟为生物，提出"国家有机体"学说，还认为各地区人类活动的特征取决于各地地理环境的性质。第一次世界大战后，环境决定论思想受到质疑与批评。

（三）可能论

当环境决定论在西欧流行时，法国地理学家维达尔·白兰士提出可能论。他认为在人与环境的关系中，人是积极的力量。自然环境为人类社会发展提供各种可能性，选择哪种可能性不决定于自然，而取决于人类集团。其学生后来又进一步发展，认为"自然是固定的，人文是无定的，两者之间的关系常随时代而变化"。有的可能论者还认为，人类的文化水平越高，则供其选择的可能性越多，自然环境的影响与限制就越小，人类的选择受其文化遗产所指导。

（四）适应论

在 20 世纪初，英国地理学家罗士培认为人文地理学应重点研究人地之间的相互关系，就是从不同的侧面论述人类活动对环境的适应能力。

与罗同时的美国地理学家巴罗斯与罗论点相似，主张地理学应当重点致力于研究人类对自然环境的反应，分析人类活动和分布与自然环境之间的关系。因此，他把地理学称为"人类生态学"。

1.8　现代地理学的新发展

第二次世界大战后，一些卷入战争的国家遭遇很大的破坏，但是也迎来新的变化与新的发展，并促进了地理学的新发展。

1.8.1　城市和经济的新发展

战争带来的破坏严重，特别在西欧，很多城市遭到沉重的打击，成为一片瓦砾。人们只能在瓦砾上重新进行建设。这种建设也带来一次机会，使人们可以在总结过去经验的基础上，按新的需求来规划设计建设一个崭新城市。这与过去在长期历史过程中自然发展起来的城市相比，在城市发展上是一个巨大的变化。

在经济的恢复与发展方面，资本主义国家尽管实行的是自由的市场经济，但多接受流行的凯恩斯的经济思想采用行政措施，实现充分就业以推动经济的稳健发展。对实行计划经济的社会主义国家，国家不但要制订计划和政策，还要组织和实施。因此，经济往往成为国家管理中的重要部分。

1.8.2　环境污染和保护

在经济迅速发展中，工业的产量与规模也迅速扩大，由此带来"三废"，即废气、废水和废弃物的数量增长亦达到空前程度。由于大大超过自然界的自净能力，遂引起城市与一些地区的空气、水体和土地的严重污染，不仅污染了环境，影响了环境质量，降低了当地居民的生活质量，甚至对人体健康与遗传带来严重损害。因而环境污染和环境公害遂成为工业发展中难以解决的难题。为此，亦出现环境保护的需求。

1.8.3　科学、技术的创新

第二次世界大战后，各国都认识到科学技术的发展是国家经济发展和提高国防的重要推动力，其投入的资金、动员的人力也是空前的。对地理学来说，影响比较大的，一是航天卫星的出现，二是计算机的发明。过去的地理学实地考察是靠两条腿的跋山涉水，两只眼睛的观测和记录。一年中，大多只能在适合的时间进行。对具体地点，只是片刻之间的观察。对广大地区来说，只是观察一些点与线。因此，很难观察到一个地区的整体、一年四季的全貌。卫星的出现带来了高清晰度的卫星照片，等于人在高空可以常年观察地面，可以高效率地代替一些地面调查，大大便利地理学的野外工作。

计算机的出现，给地理学的信息资料处理和地图编制带来极大的便利。地理学的研究和应用需要大量资料，电脑可以帮助资料的采集、存储、检索、分析，甚至帮助决策。过去地图的编制都用手工，费工费时，现在电脑完全取代了手工，而且可以根据需要瞬间完成。

1.8.4 新的科学方法与思维的采用

过去地理学,特别是人文地理学与区域地理学大多是采取定性的分析方法,这使得地理学的分析难以深入,地理学在应用方面受到限制。因此,20 世纪 50 年代末开始出现以数字定量化数据代替文字的表达阐述,用模式来表达地理现象和事物中各要素的相互关系与发展过程。因此,在 20 世纪 60 年代地理学中形成的这种浪潮被人们形容为"计量革命"。这场革命对地理学走向数量化与科学化毫无疑问起到了积极作用。但是,地理学中的各地理要素相互作用与相互影响是多种多样的,有些可以数量化,有些则难以数量化。因此,定量分析尚不能完全取代定性分析,定量定性两种方法只能相辅相成,而不能将定量方法过于绝对化。

在地理学采用定量方法的同时,人文地理学除原来的经验主义方法外,还吸收人文科学中的实证主义方法与人本主义方法、心理学中的认知和行为的思想方法。这些思想方法的引进和应用不仅促进了人文地理学中各相关分支学科的发展,亦使地理学中各分支学科的相互联系有所加强。

正是上述这些新的变化,引来地理学的巨大变化。首先是应用地理学的大发展。过去地理学多在学术范围和教育范围,很少直接正式进入应用领域。就拿我国的情况来说,大学地理系的毕业生出路是大学与中学的教员,地理的及与地理相关的研究机构的研究人员,到政府各部门从事与地理相关工作的管理人员。可以说就业的出路并不太多。现在可以说,城市和区域的经济发展,资源的开发和利用,环境的保护与灾害的防治等方面都成为今天建设和发展的热门话题。大学毕业的地理系学生在我国数量比过去大大增加,就业于应用领域的学生数量远远超过以学术和教育为主的从业人员。

地理学的巨大变化的另一表现是在学科的发展上。其体现在两个方面:一是新学科的出现,其中有城市地理、公司地理、计量地理、地理信息系统、资源地理、旅游地理、文化地理、行为地理等。另一方面是在原学科中新的方向,如自然地理学中的环境、生态、国土(或土地利用)等,经济地理学中的区域经济、新区位论等,政治地理学中的地缘政治等。这里有两点应当说明。一是环境,"地理"与"环境"在过去实际上是同义词。地理中的自然地理要素与环境科学中的基本要素是相同的。历史上地理学有一个重要的思想流派——"地理环境决定论",亦简称为"环境决定论"。目前的环境科学是在环境污染问题出现后,聚集相关理科与工程技术理论而形成的科学,而地理学中亦聚集地理学相关分支形成对人类产业影响下环境问题的研究。生态一词属生物学,但生物地理属生物学与地理学的交叉学科。地理学是研究人类存在的环境,所以美国地理学家在 20 世纪早期就称地理学为人类生态学。

由于地理的应用与学术的发展,在我国各大学地理系亦发生很大变化。首先是招生数量大增,原来的系已扩大为院。由于多数学生学习应用方向的地理,为了使报考的中学生易于了解,许多学院的名称也作了调整。新的名称都选"城市""环境""资源""区域"等几个词中的两词组合而成。其次,在专业设置上,其名称有传统的,如自然地理、地貌学、经济地理、人文地理等。有新的学科的,如环境、生态、城市地理、地理信息系统、旅游地理、国土、土地利用、资源地理等。还有是学科组合的,如经济地理与城市规划、旅游地理与旅游管理等。近年来,随着对地理学学科地位的重视,不少院系又回归"地理学"的名称。

1.9　地理学的体系

自从科学地理建立以来,地理学的发展十分迅速,学科领域不断扩大,分支学科不断出现,已经形成一个比较复杂的学科分类体系。虽然没有一个公认的学科分类体系,但是,大体上意见还是较为一致的。

在瓦伦纽斯著作中开始将地理学分为通论与专论两部分。现在一般采用系统地理学与区域地理学来代替通论地理学与专论地理学,为的是使其名称更为明确。在系统地理学方面,由于洪堡与李特尔两人分别专长于自然地理与人文地理,并已著有专著,所以其后,在系统地理学中就分为自然地理与人文地理两大门。人文地理中经济地理发展较为迅速,而且我国在 20 世纪 50—70 年代受苏联地理学影响,长期取消人文地理,只保留经济地理,改革开放后人文地理才得以恢复。因此,我国多采用系统地理学中的三分法,即在一级地理学下分自然地理学、经济地理学和人文地理学为二级学科,在二级学科以下的分支称为部门地理学。

在自然地理学中,有气候学、水文地理学、地貌学、土壤地理学、植物地理学、动物地理学六门。前三门,可以说是代表地表的大气圈、水圈和岩石圈的表层,也就是代表地表的气、水、岩。后三门,属生物圈,代表其中的土壤、植物、动物。前三门属于无机环境,后三门属于有机环境。对自然地理学这六个基本要素的总体的研究,形成了一门综合自然地理学。除上述以外,还有三门部门地理学,即医学地理学、化学地理学和古地理学。医学地理学起源于 18 世纪末、19 世纪初,它研究那些呈现地域分布特点的疾病与地理环境的关系,所以又称疾病地理学。化学地理学是 20 世纪 50 年代在苏联出现的,分支学科从物理、化学、生物方面研究自然地理环境中的过程:物理方面称水热平衡,化学方面称景观地球化学,生物方面称生物地理群落学。景观地球化学为当时我国土壤地理学者所接受并采用化学地理名称。古地理学是研究约一万年以前的地理环境,即人类影响甚少时的地理环境。

在经济地理学中,是以产业的活动来划分其分支的部门地理。其分支按农业、工业、商业和交通运输来分,有农业地理学、工业地理学、商业地理学和交通运输地理学。现在因旅游业的出现与迅速发展,遂出现旅游地理学。在产业中,跨国公司与企业集团出现,它们不仅仅局限于工业,而且跨行业,范围也比较广,遂出现公司地理学。另外,经济中的金融地位越来越重要,又出现研究金融中心及其与所影响的范围的空间现象的金融地理学。亦有将一种产业联系原料、市场，甚至包括人文地理学范围的政治等要素在内进行多方面研究的学科，如石油地理学。

在人文地理学中，可做以下几个方面的分类：首先是研究人的本身的种族与人口的人种地理学和人口地理学。其次是研究人口集聚形成聚落的农村地理学与城市地理学。还包括研究国家的政治和军事的政治地理和军事地理学；以社会的行为和感应为研究对象的社会地理学；以文化中的宗教、语言、民俗、民族为研究对象的文化地理学。

区域地理学是按区域范围及其内容来定。在范围上，大可到世界，往下可以到洲、大区直到一个小的地方。在内容上，可以是自然的、经济的、人文的，也可以是综合的，或某一要素的。以自然地理为例，有世界自然地理、亚洲自然地理、青藏高原自然地理、雅鲁藏布江流域自然地理、雅鲁藏布江支流拉萨河流域自然地理。这种等级中的自然地理亦可改换成地貌或自然地理其他要素。研究内容亦可换为经济地理、人文地理，或其下分支的某一要素。可见，区域地理学的范围是有等级的，所研究的内容，既可以是某一地理要素，亦可是某类或整体地理要素的综合。

在系统地理学与区域地理学之外，第三大类可以归纳为技术地理。在过去，技术地理内容上只有地图学，目前，地图学扩展为地图与遥感，又增加了地理计量方法（亦称计量地理学）和地理信息系统。在中外大学的地理系中，地理信息系统成为一个最吸引学生的专业，不但学生多，而且就业范围也是最广的。

最后，是一些很难归类的地理分支。目前，该方面有地理学史、理论地理学、历史地理学、地名学、方志学。它们既不属于系统地理，亦不属于区域地理学与技术地理学。它们的内容却涉及以上三类。地理学史是研究整个地理学的发展史。理论地理学研究地理学理论的发展、体系与特点。历史地理学是利用历史上的文献资料与实物来研究各历史时期的自然、经济和人文环境的变化。地名学是研究地名的起源、演变、分布和标准化以及地名与地理环境的关系。方志学是中国过去王朝时代，官方记录地方地理及各方面情况的志书，除文字外，还包括图。我国各类方志有八千多种，是宝贵的历史遗产。从 20 世纪 80 年代以来，各地都编有新的志书。研究方志称为方志学。

以上四类的地理各分支，基本上属于学术方面，但是，从二战结束以后，应用地理却获得迅速发展。有的是学术性学科内出现应用方面发展，如应用地貌学、应用气候学。有的应用以新的学科形式出现，如国土整治、土地利用、环境管理与保护。总的来说，多是利用地理学的综合性与区域性的优势进入应用领域。如自然地理方面是环境、生态和资源方面的保护和利用；经济地理方面是城市和区域的经济发展、规划和管理；地理信息系统是地理与相关资料、信息的整理、分析和为各种决策提供服务。

将地理学体系整理如图 1-3：

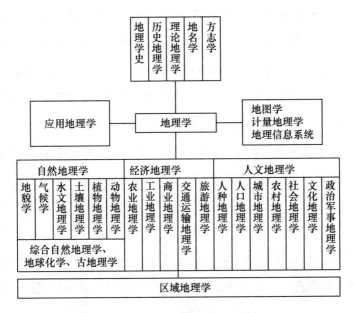

图 1-3　地理学体系表①

1.10　地理学的特点

地理学的特点可以从两方面来说,一是从其学科的整体,二是从其学科的内容。

从其学科的整体来说,地理学的特点,即与其他学科相比来说,它是一门兼有理科与文科性质的学科。我们所学的物理、化学、生

---

① 对《中国大百科全书(地理卷)》地理学体系表略作修改。

物、天文、地质都属自然科学,为理科。文学、历史、经济、法律、政治则属于人文科学,简称为文科。但是,地理学却不同,其自然地理部分的气候、水文、地貌与生物地理都属于自然科学,而其经济地理与人文地理部分的各分支学科属人文科学。因此,地理学是兼有理科与文科性质的学科,也就是跨学科性质的科学。

可是,在分类上有时就遇到困难。如在科学院中地理学的研究所、在大学里的地理学系应放在文科中呢,还是放在理科中呢?在西方,大学地理系是有的放文科,也有的放理科,这与他们开始设系时的传统与认识有关。不过,其毕业生是授予文科学位还是授予理科学位,这主要看所学专业与论文有关,与系并无关联。我国最早因课程偏重理科,故都将地理系设在理科。1949 年后,受苏联影响,地理学划入自然科学,研究所与系亦都划入理科。在大学的入学考试中却遇到考地理专业的学生不考地理,而考文科不考地理专业的学生却反而要考地理的情况,这又是为什么呢?这是因为地理已放在理科,所考的共同基础课只能与理科的其他系一致,所以选考包括物理、化学、生物的理科综合。在文科方面,把地理放入其文科综合内容中去,主要是因为地理知识对文科学生亦十分重要。

在内容方面,地理学的特点有三,即综合性、区域性和动态性。

综合性 地理环境中的各要素不是单独存在,而是在各要素的相互依存、相互影响中存在。因此,要认识某一要素的情况就必须注意其相关的要素情况。这种各要素间的相互依存与影响可以分为两个层面,即同级层面与不同级的层面。例如,某一地的植被类型,受当地气温、降水、蒸发等因素影响决定其属于森林、草原、荒漠,即使在森林中,亦有热带常绿雨林、季风雨林、温带阔叶林与寒带针叶林之分;在水文方面,除气候的降水外,还有地下水的情况;在地貌方面,又可能因所在地是平原、山地而有不同。这些都属于自然地理方面同级层面的相互依存与影响的关系。

在不同级的层面中,例如,对这片森林,以人与其关系来说:人们如果认为其是发展农业的阻碍,可能一把火就把它化为灰烬,也就是常说的刀耕火种,使其变为耕地;人们如果认为其是一种木材资源,则会将其砍伐后予以出售;人们也可能认为它有保护水源的作用,就当做涵养林保护起来;如果人们认为它是具有很高价值的生态风景林,会严加保护,甚至限制人类的活动。这就是这片森林与人的关系,属于不同层面的相互依存和影响。在此人地关系中,反映了可能性的学说。

我们还可以引一个人文方面的例子,如北京城。作为聚落,其在早期因军事而兴起。在具体的城址选择上,它是考虑到平原的地形及防止洪水灾害与对水源的利用方面的自然地理条件。城址的变迁、功能的变化(从军事重镇到国家首都,后又成为文化名城,现又成为国家首都与多种功能的综合性城市),这反映了政治、经济、军事、交通等方面的相互关系。其城市今天所留下的元、明、清的格局又反映了我国传统文化中的前朝后市、左祖右社思想。这说明在人文现象中既受自然地理诸要素的制约,又受到各种人文地理因素的影响,充分表现其综合性特征。

区域性　任何地理现象都离不开其坐落的区域。区域有其大小与尺度，每个区域都是以其所在地的更大范围的区域为背景。我们再以北京为例，其军事重镇是反映农业民族与牧业民族的冲突。在地理环境上反映气候的干旱与湿润的差异，北京正是湿润向干旱的过渡区。这是北京所在的大区的特点。往下，北京是华北大平原与燕山山脉的接触地区，有平原可以得人力与粮食，有山地可以作为屏障。再往下，北京是选在燕山由东向西与由西向南的转折处，是正对着转折处由南口到八达岭的关隘，守住这里就可以阻挡游牧民族骑兵南下进攻北京。从这个例子中，可见分析与认识一个地理现象，不仅要与其所在的区域联系起来，还应与其更大的区域的背景相联系。

各地理区尽管其组成的要素来说是相同的，都是包括气候、水文、地貌、土壤、生物，但是几乎可以说，没有任何两个自然区会绝对相同的。因此，每一个自然区都有各自的特点。深入了解与认识自然区的特点不仅对保护环境有利，对利用当地的资源也是十分必要的。

动态性　地理环境，特别是自然环境，从短期尺度来看，其动态与变化相对来说，是比较小的。因此，人们往往产生一种印象：地理环境似乎是不变的。所以，德国学者康德在其自然分类中，将按时间对事物进行描述或分类的称历史学，按地区来对事物进行描述或分类的称地理学。他认为地理学的突出特点在地区，所以人们认为地理学是空间科学、历史学是时间的科学。其实，地理学不仅是空间的科学，也是时间的科学。例如，人文地理学中所研究的各种与地理环境有关的人文现象的空间分布，而其现在的空间分布现象只是其历史演变过程中的现实表现，与历史学的时间尺度是相同的。即使自然地理中的各自然现象也是在不停的变化中，特别是在人为影响下，那些易于变化的自然现象亦会在历史时期内发生巨大变化。这正如我国通常所说的，"三十年河东，三十年河西"，"沧海桑田"所反映的自然环境的历史变化。因此，在地理学中出现了研究史前时期环境变化的古地理学，研究历史时期环境变化的历史地理学。在历史地理学中，既有人文地理环境的变化研究，也有自然地理环境的变化研究。

地理环境的动态性已成为地理学重要的研究内容，特别是工业化的发展不仅引起一些地区的荒漠化和水土流失等严重问题，而且化石燃料的大量使用，排放的二氧化碳，使大气增温，引起的气候变化已成为全球性的环境问题。这不仅需要引起世界各国的密切关注，而且已经到了需要世界各国人民采取行动的时候了。

第二篇

认识地理学

地理学研究的是自然（地球表面的固体形态）的六个部门：土地、水圈和大气、动、植物界，人及其物质的与精神的文化。

——费迪南·冯·李希霍芬

费迪南·冯·李希霍芬(Ferdinand von Richthofen，1833—1905)是德国地理学家，曾任柏林大学校长。他曾到中国考察，写有《中国》一书。

第 2 章 气 候

气候(climate)这一词在古希腊文中原意为"倾斜",指太阳光射在各地的倾斜程度不同,造成各地冷暖差异。我们从天气预报中得知明天的阴晴雨雪、风力大小、温度高低,这里预报的是气象。气候说的是某一时段(如年、季、月、旬等)内的气象数据的平均情况。如某年中某月的气温,是将一定年度中该月记录的气温数据予以平均得出该月平均温度。因此,气候是指某一地区多年的天气和大气活动的综合状况。

在气候中,温度、降雨和风占有重要地位。

2.1 温度

2.1.1 辐射

地球表面的温度来自太阳的辐射。由于地球的表面是球形曲面,故地球各地的单位面积内受到的太阳辐射量是由其辐射角度决定的。在赤道地区,辐射角接近 90°,受热量最多,是地球上最热的地区。在极地,辐射角接近于零,受热最少,是地球上最冷的地区。因此,地表温度是由赤道向两极逐渐下降。根据辐射的变化,遂把全球分成热带、南温带、北温带、南寒带和北寒带共五个气候带。

2.1.2　温度的变化

各地的温度变化除受太阳辐射角度影响外,还受辐射时间长短的影响。在一日之内,从太阳出现及辐射角度变化,地面接收的热量越来越多,温度亦随之上升。中午以后,又逐渐下降。所以,世界各地的气温都有日变化。由于地面热量传给大气需要一个过程,所以气温最高值不出现在正午,而在午后 2 时前后;而气温最低值亦不在午夜,而在清晨日出之前。一日之内,气温最高值与最低值之差称为气温日较差。气温的日较差一般随纬度、季节、地表情况和天气状况而异。

气温的年变化是夏季温度高于冬季温度,年最高值出现于夏至后的 7 月或 8 月,年最低值出现在冬至后的 1 月或 2 月。一年中,最热月的平均气温与最冷月平均气温之差为年较差,其变化随纬度增高而增大。赤道约为 1℃,中纬度约为 20℃,高纬度达 30℃以上。

2.1.3　温度的分布

气温的水平分布通常用等温线表示。为消除海拔影响,可将地面气温实际观测值订正为海平面温度,然后绘制等温线。从世界 1 月(图 2-1)、7 月(图 2-2)平均气温分布图不仅反映太阳辐射在地表

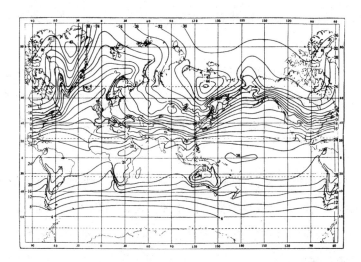

图 2-1　世界 1 月海平面气温(℃)分布

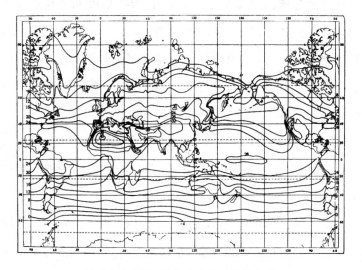

图 2-2　世界 7 月海平面气温(℃)分布

的分布情况,也表示地球表面的陆海、地形、洋流等热力分布的影响。根据世界气温度分布图,可以看出其特点如下:

(一)由于太阳辐射量随纬度变化,等温度线分布的总趋势大致与纬圈平行。北半球1月等温线比7月等温线密集,表明冬季南北温差大,夏季南北温差小。南半球也有冬夏气温差别,但季节与北半球相反。

(二)同纬度夏季海面气温低于陆地,冬季海面气温高于陆地,等温线在海陆交界发生弯曲。南半球因海洋面积较大,等温线较平直;北半球海陆分布复杂,等温线走向曲折,甚至变为封闭曲线,形成温暖与寒冷中心。

(三)洋流对海面气温的分布有很大影响。在1月份太平洋和大西洋北部等温线向北极方向突出,表明黑潮和墨西哥湾流具有强大的增温作用,南半球因受秘鲁寒流和本格拉寒流影响,等温线突向赤道方向。7月份寒流影响显著,北半球等温线沿非洲和北美西岸转向南突出,南半球等温线在非洲和南美西岸向北突出。

(四)近赤道地区有一个高温区,月平均温度冬、夏均高于24℃,称为热赤道。热赤道平均位于5°N—10°N。冬季在赤道附近或南半球大陆上,夏季则北移到20°N左右。

(五)南半球无论冬、夏,最低气温都出现在南极(曾测得－90℃的温度);北半球夏季最低温度出现在极地,冬季出现在高纬大陆。俄罗斯的维霍扬斯克等地为－69.8℃,称为寒极。北半球夏季最高温出现在低纬大陆上,如撒哈拉、阿拉伯半岛、加利福尼亚等地。世界绝对最高温度出现在索马里境内,为 63℃。由此可见,地球表面气温的变化幅度范围在−90℃—63℃之间。

2.2　降水

大气中的水分是来自陆地潮湿土壤及海洋、湖泊、河流表面的蒸发和植物蒸腾作用而放出的水汽。从数量来说,大气中的水分大量来自于海洋。陆地上的降水数量则取决于通过空气流动所带来的海面蒸发水量。

大气中所含的水量是以大气中的那部分水汽所产生的压力(即水汽压 e)来计算的。在温度一定时,单位体积空气中容纳的水汽量是有一定限度的,达到其限度时,空气呈饱和状态,称为饱和空气。超过这个限度,水汽才开始凝结,从而出现降水。饱和水汽压是随温度升高而增大。这就是说,当单位空气的水量不变时,其水汽压尚达不到饱和状态,如果温度下降,该气体就会出现饱和状态,当过饱和时就会产生降水。因此,当空气移动或空气上升出现降温,或者空气静止而周围出现降温时,就会出现降水。例如夏天,由于蒸发作用,空气中水分大增,地面空气受热上升,空气变冷,水汽压出现过饱和而于傍晚出现阵雨。当空气中的水增多而空气处于静止状态,往往因夜间降温,而在凌晨时,出现露水或霜冻。

由于空气中的水分大多来自远处的水面与陆面的蒸发,所以了解风系的运动才能认识很多地区的降水的因缘。

2.3 风系

2.3.1 地表的风系有行星风系、季风风系与地方风系

(一)行星风系

行星风系是大气环流所引起的。在赤道附近,终年受热,温度高,空气膨胀上升,到一定高度,空气转向高纬度。这样,在赤道地区导致空气密度减小,气柱质量下降,低空形成低压,称为赤道低压带。在两极地区,太阳辐射终年不高,气温低,空气冷缩下降,积聚低空,导致空气密度大,气柱质量增加,形成高压,称极地高压带。由于地球的自转,从赤道上升向高纬度分流的气流,在地转偏向力作用下,方向发生偏转,到纬度 20°—30°附近,气流原向南北两极分流逐渐偏转成与纬度平行的西风,加上移动过程中温度下降,纬圈缩小,空气质量辐合下沉,形成高压,称副热带高压带。在副热带高压带和极地高压带之间,是一个相对的低压区,称副极地低压带。这样,在地球表面从南到北形成七个纬度方向彼此平行的气压带。

大气环流所造成的七个气压带导致行星风系中三个盛行风带(图 2-3)。

1. 信风带 在南北纬 30°—35°附近的副热带高压带和赤道低

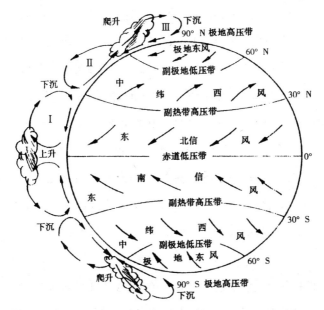

图 2-3　行星气压带和三圈环流模式

压带之间形成由南北纬 30°—35° 向赤道的气流，在偏转力的作用下，在赤道北为东北风，赤道南为东南风。由于是下降气流形成的风，又是向高温地区流动，空气中的水汽压距离饱和度大，空气干燥。如果是下降到海洋面吸收水分后，吹向大陆东岸，便会带来丰富降水。如果下降于干燥的陆面，由陆地吹向海洋，使大陆西面形成极其干旱而又高温的气候。

　　这种风向十分稳定，故称为信风。在海上赤道附近，因太阳直射角度在南北回归线中间摆动，实际赤道亦发生摆动，故近赤道地区东北信风与东南信风亦发生变动。这对靠风力的帆船海上定向航行十分有利,故又称为贸易风。在赤道南北信风辐合处,加上赤道的高温形成的上升气流,形成对流雨,给该地带来大量降雨。

2. 西风带 在南北纬 35°—60°之间,因副热带高压与副极地低压之间存在气压梯度,从副热带高压辐散的气流,一部分流向高纬度,因受地转偏向力作用,变成偏西方向即西风。在北半球,西风从西欧开始,经俄罗斯平原越乌拉尔山进入西西伯利亚,直到我国西北边境。沿途带来降水,由西向东逐渐减少。在南半球,西风带主要在海上,仅出现在澳大利亚东南角及新西兰南、北两岛上。

3. 极地东风带 自极地高极向外辐散气流,因地转偏向力的作用变成偏东风,称极地东风带。在极地东风与西风接触地区,因气流南暖北冷的温度差异,加上方向相反,暖气流沿冷气流爬升,形成锋面,致使天气多变。

(二)季风风系

在大陆的东岸,大陆与海洋间广大地区,以一年为周期,随季节变化而形成方向相反的风系,故称季风。在夏季,大陆温度大于相邻的海域的水温,其温差导致风由海上吹向陆地为夏季风。冬季海陆的温度与夏季相反,是陆冷海暖,风向变为由陆向海为冬季风。

在南亚冬季盛行东北季风,夏季盛行西南季风。东北季风来自陆地,11—3 月降水稀少。夏季西南季风来自海上,在 6—10 月是降水季节,降水量占总量绝对优势。夏季风前的 4—5 月是一年气温最高时期。因此,这里一年分干季、热季和雨季三个季节。

在东亚地区,冬季亚洲大陆为冷高压盘踞,夏季亚洲大陆为热低压控制,东亚冬季陆向海的季风低温、干燥、少雨,夏季为高温、湿润、多雨的季风。

（三）地方风系

由于局部环境如地形起伏、地表受热不均等引起的小范围的风向变化,称地方风系。

1. 海陆风　在滨海地区,白天陆地增温比海面快,陆面气温高于海面,因而下层风由海面吹向陆地,上层风则相反,为由陆地吹向海洋。到夜间,陆地降温快,海面降温慢,海面气温高于陆面,故风向由地面吹向海洋,上层风则由海洋吹向陆地。从地面看,白天是海风,夜晚是陆风。在海边地区,白天海风去暑,夜晚陆风降温,使人感到舒适(图 2-4)。

2. 山谷风　在山区,白天山坡空气比同高度自由大气增温强烈,暖空气沿坡上升,成为谷风。夜间,山坡辐射冷却,降温比同高

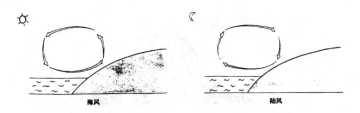

海风　　　　　　　　　　　陆风

图 2-4　海陆风环流

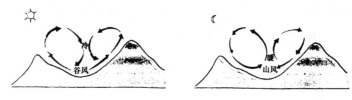

图 2-5　山谷风环流

度空气快,因而形成由山坡吹向山谷的山风。出现山谷风地区,夜晚山坡冷气下降,会把原暖空气上抬,在谷底形成下冷上暖的逆温现象(图 2-5)。

3. 焚风　在平原边缘的山地,当平原吹向山地的气流受山地阻挡被迫上升时,迎风坡上升气流因上升降温冷却,空气水汽压过饱和时,水汽凝结,形成降雨。当该气流越过山岭后顺坡下降,气体增温,水汽压下降使空气干燥,使背风坡处于干热状态。如果干热过于严重,易使背风坡的森林出现火灾,农作物失水减产,故称为焚风(图 2-6)。

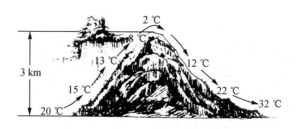

图 2-6　焚风形成示意图

2.3.2　影响气候的天气系统

影响气候的天气系统有气团和锋及气旋和反气旋。

（一）气团和锋

气团是指广大区域内水平方向上温度、湿度、铅直稳定度物理属性较均匀的大块空气团。其水平范围数百到数千千米,厚度由数千米到十余千米。其在某一地区形成后一旦离开原地到新的环境改变其属性,称气团变性。气团向比其暖的下垫面地区移动时称冷气团,向比其冷的下垫面地区移动时称暖气团。冬季由大陆移向海洋是冷气团,反之为暖气团。气团是以源地的冰洋、极地、热带、赤道及大陆和海洋来命名。影响我国的气团,冬季多为极地大陆气团,夏天多为热带海洋气团。

温度或密度差异很大的两气团相遇形成狭窄过渡区域,称为锋。锋面宽度由数十到数百千米。锋面两侧因温度、气压、干湿明显差异成为天气剧烈变化之处。冷暖气团接触时,冷气团主动向暖气团移动的锋面称冷锋,反之称暖锋,彼此移动缓慢的称准静止锋。锋有极地锋与赤道锋。

锋面的天气分冷锋天气、暖锋天气与准静止锋天气。冷锋按推进速度分缓行与急行。缓行冷锋将暖空气顶在锋前、锋面坡度大,在锋前形成雨带较宽。急行冷锋使锋前暖空气激烈抬升,雨带较窄,降雨时间较长。在我国,寒冷季节,都为急行冷锋,锋面经过时,大风、降温。如暖空气湿度大,还会带来锋后降雪(在北方)或降雨

(在南方)。由于降温大,称为寒潮。锋面过后,气压升高,天气寒冷而晴朗。

暖锋天气是暖气团向冷气团推进形成的。由于暖锋进展慢,雨带出现在锋前冷区里,雨带宽,持续时间长,强度小。在准静止锋天气中,暖空气速度非常缓慢,降雨区更宽,降雨强度很小,形成阴雨连绵的天气。我国在6月中旬到7月上旬江淮地区的连绵细雨,就属于准静止锋天气。因正值梅子黄熟之时,故称之为梅雨。

(二)气旋和反气旋

气旋是由锋面上或不同密度空气分界面上发生波动而形成的。在三度空间中,其中心的气压比四周低。气旋直径由数百 km 到 2 000—3 000 km。北半球气旋按反时针方向自外围向中心运动,地面风速可达 30 m/s。根据气旋产生的地理位置有温带气旋和热带气旋。气旋有向心旋转气流,使空气上升。当气旋湿度大时,气旋会带来大量降水。在我国温带气旋多出现在江淮与内蒙古至大兴安岭一带。每当气旋过境时,常常出现阴雨天气。热带气旋形成于热带海洋上。台风是最强的热带气旋,它形成于西北太平洋上。洋面温度超过 26℃,大量空气上升,受地球偏转力影响,空气旋速增加,形成台风。台风平均每年在我国东南沿海登陆 7.4 次,常带来狂风暴雨,风力最高达 12 级(≥32.7 m/s),日降雨最大降水量可超过 200—1 000 mm。台风虽带来很大灾害,但带来大量降水,对缓和当地副热带高压干旱起重要作用。

反气旋是中心气压比周围高的气旋。其气流运动由中心向四周旋转,旋转方向在北半球为顺时针。反气旋水平尺度比气旋大。根据生成地区,可以分为冷性和暖性。中心多下降气流,故天气晴好。冷性反气旋在我国是随急行冷锋面的寒潮而影响大片地区。暖性反气旋,常年存在于稳定少变的高压区。在我国盛夏时,强大的北太平洋副热带高压向西延伸,控制我国长江中下游地区。在反气旋控制下,虽然有海洋来的东南气流,但因受强大下沉气流阻碍难以上升致雨,天气闷热缺雨,带来持续干旱。这种稳定的高压干旱天气,往往被强大的低压热带气旋带来的台风所破坏,以大量降雨解除持续的干旱。

2.4 世界气候带与气候类型

根据气温与降水这两个主要特点的分布与组合,可以将世界气候分成三个气候带,十六个气候类型(图 2-7)。

2.4.1 低纬度气候带

这里全年气温高,最冷月均温在 15—18℃ 以上。由于热带辐合带、信风带和副热带高压,按季节的移动,低纬度带可以分为以下五种气候类型。

(一)赤道多雨气候

它出现于赤道两侧南北纬 5°—10° 之间,如非洲刚果河流域、南

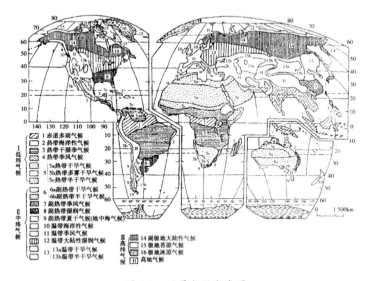

图 2-7　世界气候分类图

美亚马逊河流域,以及亚洲的印度尼西亚等地。这里全年正午太阳
高角度大,昼夜基本等长,一年有两次受到太阳直射。其气候特点
是全年长夏无季节变化,年均温在 26℃ 左右,各月均温在 25—
28℃。年降水量大都超过 2 000 mm,年内分配较均匀,最少月降水
量超过 60 mm。由于全年高温多雨,植物生长不受水分限制,适宜
热带雨林发育,森林高大茂密,物种繁多。

　　(二)热带海洋气候

　　它出现于南北纬 10°—25°信风带大陆东岸及热带海洋中的岛
屿上,如中美洲加勒比海沿岸及其以东岛屿、南美巴西高原东侧沿
岸狭长地带、非洲马达加斯加岛东岸、太平洋夏威夷群岛和澳大利

亚东北部沿岸地带,终年受海上来的信风影响。全年气温高,最冷月均温在 18—25℃ 之间,年较差比赤道多雨气候稍大,降雨量充沛,在 1 000 mm 以上,一般以 5—10 月较集中,无明显干季。

(三)热带干湿季气候

它出现于赤道多雨气候外围,主要分布于中南美洲和非洲 5°—25° 纬度带内。由于赤道低压带的南北移动,年内有干、湿季的变化。干季出现在正午太阳高度角小的时期。此时,本区处于信风带下,受盛行下沉气流,形成干季。当太阳直射本区时,在热辐合带下,潮湿多雨,形成雨季。一年中至少有 1—2 个月为干季。干季之末,雨季之前,气温最高,是为热季。全年降雨量在 750—1 600 mm 左右,降雨变率很大。这里属热带疏林草原。

(四)热带季风气候

它出现于纬度 10° 到回归线附近的大陆东岸,如我国台湾南部、雷州半岛和海南岛,亚洲中南半岛等地。热带季风发达,热带气旋活动频繁。该区水汽充足,热带辐合带上升气流旺盛,在偏转力的作用下,易形成热带气旋(台风),带来大量降雨。全年气温高,年均温超过 20℃。年降水量在 1 500—2 000 mm 以上,集中在夏季,有干、湿季存在,自然植被为热带季雨林。

(五)热带干旱与半干旱气候

它出现在副热高压带和信风带内的大陆中心和西岸纬度 15°—25° 间。因干旱程度和气候特征差异又可分为三个气候亚型。

1. 热带干旱气候型。主要分布于撒哈拉沙漠、西南亚的阿拉伯沙漠、澳大利亚沙漠、南美的阿塔卡马沙漠地区。终年受副热带高压或处于信风带的背风岸，加上沿岸有冷洋流经过，降水量少（不足 125 mm）且变率大，气温高，日较差大，云量少，日照强烈，蒸发强，相对湿度小。

2. 热带西岸多雾干旱气候型。分布在热带大陆西岸，沿岸寒流，气流稳定，降雨量稀少，多雾的荒漠可延伸到海岸带，气温年差较小，最冷月均温低于 20℃。

3. 热带半干旱气候型。分布在热带干旱气候区外缘，是干旱气候和湿润气候间的一种过渡类型。该类气候有短暂雨季，年降水量 250—750 mm。

2.4.2 中纬度气候带

它介于热带气候和副极地大陆性气候之间。该带气候形成因子复杂，气候类型多种多样。

（一）副热带干旱与半干旱气候

它出现于南北纬 25°—35°间的大陆内部和西岸。因干旱程度不同，又可分为两种类型。

1. 副热带干旱气候。它是热带干旱气候向高纬度的延续，因所处纬度稍高，与热带干旱气候相比，冷季气温稍低，且有气旋雨。

2. 副热带半干旱气候。它分布于副热带干旱区外缘，夏季气温稍低，冬季降水量稍多，能维持草类生长。

（二）副热带季风气候

它出现于副热带大陆东岸，纬度 25°—35° 间，如我国秦岭、淮河以南，热带季风气候以北地区。该地夏热冬温，四季分明，季风发达。最热月均温一般高于 22℃，最冷月温度在 0—15℃ 之间。年降水量在 750—1 000 mm 以上，夏半年降水量通常占全年 70%。气候条件适宜常绿阔叶林生长。

（三）副热带湿润气候

它主要分布于南北纬 25°—35° 间的北美大陆东岸、南美和非洲的东南海岸。那里纬度、海岸位置和东亚副热带季风气候相似，但冬夏温差比副热带季风气候区小，降水量年内分配亦较副热带季风气候区均匀。自然景观亦与副热带季风气候区相似。

（四）副热带夏干气候（地中海气候）

它出现于南北纬 30°—40° 之间大陆西岸，如地中海沿岸、加利福尼亚沿岸、智利中部沿岸、非洲和澳大利亚南端。夏季受副热带高压影响，天气缺雨干燥。冬季副热高压南移，受西风带控制，温暖多雨。植物因夏季炎热干燥，叶多革质化，以硬叶常绿灌木林为主。

（五）温带海洋气候

它出现于纬度 40°—60° 温带大陆西岸。欧洲西北部英国、法国、荷兰、比利时、丹麦以及加拿大和美国西海岸都属此类型。终年盛行西风，受海洋气团控制，冬暖夏凉，气温年较差小。全年湿润，冬雨较多。

（六）温带季风气候

该气候区主要分布在 35°—55°的亚欧大陆东岸,包括我国的华北、东北,朝鲜半岛大部,日本北部和俄罗斯远东地区。冬夏风向差别明显,天气的非周期性变化突出。冬季寒冷干燥,南北温差大。夏季暖热多雨,南北温差小。年降水量 500—600 mm,多降于 6—8 月,冬季雨雪稀少。

（七）温带大陆性湿润气候

该气候主要分布在亚欧大陆温带海洋性气候区东侧和北美大陆西经 100°以东、北纬 40°—60°之间地区。气温、降水和温带季风气候类似,但风向、风力季节变化不明显。冬季不太冷,冬雨稍多,夏季有对流雨,但不十分集中。偏南为夏绿阔叶林,北为针阔叶混交林。

（八）温带干旱与半干旱气候

该气候主要分布于北纬 35°—50°的亚洲和北美大陆中心地带,南美阿根廷大西洋沿岸巴塔哥尼亚。此气候又可分两个亚型。

1. 温带干旱气候。一般年降水量在 250 mm 以下,植物种类异常贫乏,自然景观为各种荒漠。

2. 温带半干旱气候。年降水量在 250—500 mm 之间,植被为矮草草原,其形成主要原因是位居大陆中心或沿海有高山屏障,终年受大陆气团控制所致。

2.4.3　高纬度气候带

它位于极圈附近,盛行极地气团和冰洋气团。该带低温无夏,降水虽少,但蒸发作用弱,加之冻土发育,排水不畅,自然景观无旱性,反而有大片的沼泽分布各地,所属气候类型有三种。

（一）副极地大陆性气候

它主要出现于北半球高纬度地区,呈连续带状横贯亚欧大陆和北美大陆。作为极地大陆气团的源地,终年受极地海洋气团和极地大陆气团的影响和控制。冬季漫长且严寒,至少有 9 个月;暖季短促,10℃以上只有 3 个月。年降水量少,并集中于暖季。气温年差特大。冬夏积雪深厚,覆盖 5—7 个月,土壤冻结严重,适宜针叶林生长,沼泽分布也很广。

（二）极地苔原气候

该类型分布于亚欧大陆和北美大陆的北缘,格陵兰沿海地带和北冰洋中若干岛上。南半球则在南极大陆边缘各岛上。那里全年为冬,一年只有 1—4 个月均温在 0—10℃。降水量 200—300 mm,蒸发微弱,沿岸多云雾。冬季温度虽与极地大陆相差无几,且很多地方严寒程度不如副极地大陆,但最热月均温不足 10℃,无乔木生长,植被为苔藓、地衣和小灌木,形成苔原景观。

（三）极地冰景气候

它出现在南极大陆和格陵兰冰冻高原以及北冰洋中的岛屿上,是冰洋气团源地。全年严寒,各月温度皆在 0℃以下。北极地区年均温为－22.3℃,南极大陆为－28.9——－35℃。年降水量小于250 mm,全部为雪。积雪也不融化,终成冰原。

2.4.4　高地气候

在高山地区,气候出现垂直变化。因此,高地气候出现以下特征:

第一,高地气候的垂直变化是从所在地的气候类型开始,随高度而变化。高度大,气候类型多。

第二,随高度上升温度下降,如降水下降不明显,垂直气候类型变化多以低纬度向高纬度的森林植被型所代表的气候类型变化;如降水下降明显,则垂直气候类型变化多以沿海向内陆的干旱方向所代表的植被型气候变化。

第三,山体过大,有迎风背风不同效应,则两侧山坡垂直方面变化,出现不同的垂直变化宽度与类型。

第3章 地　　貌

　　地貌,是指地球硬表面由内、外营力相互作用下塑造而形成的多种多样的地表形态。按类型来说有构造地貌、流水地貌、喀斯特地貌、风成地貌、冰川地貌、海岸地貌……

3.1　地貌的形成因素

　　影响地貌的因素有:营力、岩性、构造和时间。

3.1.1　营力因素

　　营力是塑造地貌的动力。动力有内营力与外营力。内营力是地球内部放射能和重力能所引起的,它使地壳有垂直与水平方向运动。内营力有时是缓慢的,有时是剧烈的。后者往往引起地震、岩浆、火山等活动。外营力是由太阳引起的,它是通过风化、流水、风力、冰川、海洋、生物诸营力对地貌产生塑造作用。由于各种营力作用的不同,形成不同的特殊形态,往往按营力不同来划分地貌类型。

3.1.2 岩性因素

岩石以其组成的物质、结构和构造等物理与化学性质不同从而影响到地貌形态。例如坚硬结晶的花岗岩抗蚀力强,花岗岩体往往形成高耸陡峻的山峰(如我国的华山)。在化学性质方面,石灰岩中的碳酸钙溶解于吸收二氧化碳的雨水,塑造成特殊的岩溶地貌(喀斯特地貌)。

3.1.3 构造因素

地下的岩石,有沉积岩、岩浆岩和变质岩。沉积岩多是流水的沉积物形成的。因此,沉积岩是因沉积物颗粒大小不同而形成不同岩层(如砾石、砂、黏土分别组成砾岩、砂岩、页岩)。在内营力作用下,沉积岩层往往发生褶曲、断裂,而无层次的岩浆岩、变质岩也会形成断块,加上垂直、四面横向运动,会形成各种各样的构造与组合,会形成高低的山体、平原、盆地、深谷等不同规模的地貌。

3.1.4 时间因素

地貌是在内、外营力作用下形成的。内营力多为短期的剧烈形式,而外营力多为较缓的持久形式。如果内营力稳定,外营力可以稳定持久地进行,亦会使地貌发生有规律的演变过程。美国著名地貌学家 W. M. 戴维斯根据地貌营力演变与重复,提出"侵蚀轮回"说(cycle of erosion),将其分为"幼年期"(young stage)、"壮年期"(mature stage)、"老年期"(old stage)与"回春期"(rejuvenation)。这种时间的尺度往往以几十万、百万、千万年计。其演变过程亦会因新的内营力出现而中断。

3.2　构造地貌

3.2.1　全球构造级的构造地貌

关于大陆与大洋的形成学说虽很多,但是海底扩张—板块运动学说较为流行。

该学说认为地壳是由几个相对不连续的板块组成,在大洋中脊由于有来自地幔垂点上升的物质流到洋底转为水平流,所以洋底是在扩张的,这种运动进一步推动地壳的几大板块作相互运动,引起板块边缘的俯冲、隆升、错断,形成火山活动以及板块内部的大褶皱和断裂现象。如欧亚板块与印度洋板块之间的古地中海东部因碰撞变为现代的喜马拉雅山大陆。该学说可以解说地质时期的海底扩张,板块运动使陆地、大洋发展与消亡的过程。

3.2.2　大地构造级的构造地貌

大地构造级构造地貌有以下九种。

（一）新生代褶皱山带

0.65 亿年以来的新生代地质时代,因地质活动所引起的山带。

1. 它是现代世界上规模最大、地势最高的山地。欧亚东西走向褶皱山带及环太平洋褶皱山带。有喜马拉雅山、安第斯山、阿尔卑斯山。山体高度大,山峰特高。

2. 山体构造复杂,褶皱和断裂都十分强烈。

3. 山体构造活动有的仍在进行。

（二）大裂谷

裂谷是板块构造运动过程中大陆崩裂形成的断陷谷地,如东非大裂谷、贝加尔裂谷等。裂谷宽数十至数百公里,长可达数千公里。

（三）褶皱—断块山

在陆地上的一些地方,由于板块碰撞产生强烈褶皱,其后,又发生断裂、褶皱及上升,往往形成高大的山系,对当地地理环境起着重要影响。阿尔泰山属这类山系。

（四）断块山与断陷谷

由于新构造运动强烈,岩层断裂上升而成山地,称为断块山。如我国的太行山、贺兰山等都属于这类构造造成的。断块上升强

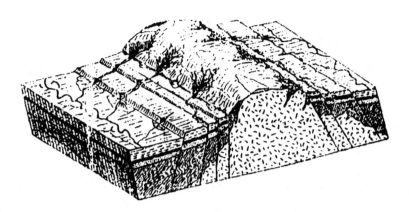

图 3-1 复式地垒山

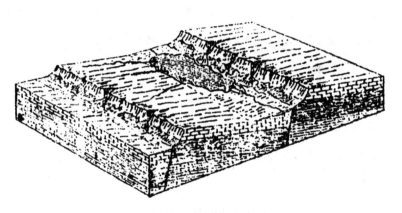

图 3-2 掀斜式阶状断块山

烈,山两侧引起多块断裂形成急陡的断层崖依次而下,山形遂呈地垒式或掀斜式(图 3-2)。前者形成复式地垒山(如图 3-1),后者形成主脊和陡崖。沿断块线低处形成的河谷,如我国的渭河河谷。

（五）高原

高原一般位于板块内部，是高度多在 500 m 以上、地表起伏不大、面积较大的地区。它的生成与陆地大面积强烈上升有关。如非洲高原、巴西高原、青藏高原等。

（六）平原

平原多指地面高度在 200 m 以下、面积大、地表起伏和缓的地区。其形成原因有二：一种是堆积平原。主要因构造缓慢下沉，长期堆积而成（如华北平原和松辽平原）。另一种是侵蚀平原。它是地壳长期稳定或经长期侵蚀夷平而成（如淮北平原）。

（七）盆地

它是正、负两种构造运动组合而形成的地貌。其四周是高山或高原，中间为平原或起伏不大的丘陵，形成向心倾斜如盆的地貌，故称盆地（如塔里木盆地）。

（八）大陆边缘

大陆边缘位于大陆向洋底的过渡地带。其本身可分为大陆架、大陆坡和大陆裙（图 3-3）。

大陆架亦称陆棚，地表平坦，平均宽度 70 km 至上千 km。这里集中大量水产与油、气资源。

大陆坡是连接大陆架与洋底的大斜坡。平均坡度水深在 2 500 m 左右，平均宽度为 20—40 km。

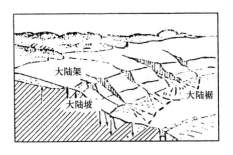

图 3-3 海底峡谷切入大陆坡图

大陆裾是位于大陆坡与洋底之间一种大型扇形地堆积。水深在 2 000—5 000 m 处,宽约 600—1 000 km。

(九)大洋底

大洋底位于大陆坡或大陆裾以下大洋深处,深度 2 500—6 000 m 以下。属洋壳构造。内有大洋中脊、海底山脉、海盆或海沟等大型地貌。

3.2.3 区域级的构造地貌

地质构造级的构造地貌是在尺度上小于前两级,属第三级,其下有六种地貌。

(一)水平构造地貌

一个地区,岩层是水平的。当抬升后,形成高原或台地。经长期侵蚀后,顶部较坚硬岩被侵蚀,但仍有部分保留,形成顶平、边缘陡的地貌。仍保留原构造面,则成为构造台地与方山(图 3-4)。方

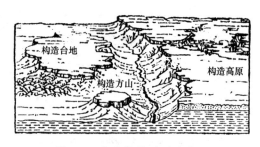

图 3-4　构造高原、台地和方山

山再切割、侵蚀就成为石柱、石峰、石墙地貌。

（二）褶曲构造地貌

原有褶曲构造形态与地貌形态基本是一致的称为顺地貌,如背斜构造为山,向斜构造为谷。次生褶曲地貌,其形态与构造形态相反,即背斜已为谷,向斜已成山,故称逆地貌(图 3-5)。

（三）单斜构造地貌

向一个方向缓缓倾斜的岩层,经侵蚀形成山体,即为两面坡度不对称的单面山。其上的河流顺岩层为顺向河,反岩层为逆向河(图 3-6)。

（四）穹隆构造地貌

穹隆构造的褶曲轴不明显,岩层由中央向四周倾斜,因花岗岩侵入而成,系呈放射状。顶部被侵蚀形成中央山体,外围环形山脊(图 3-7)。

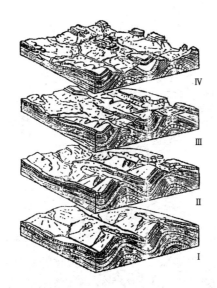

图 3-5　褶曲构造地貌的不同发展阶段

Ⅰ、Ⅱ. 顺地貌；Ⅲ、Ⅳ. 逆地貌

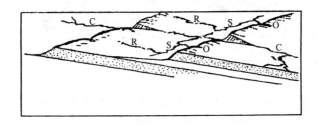

图 3-6　背斜构造地貌与水系

C 为顺向河；S 为次成河；O 为逆向河；R 为再顺向河

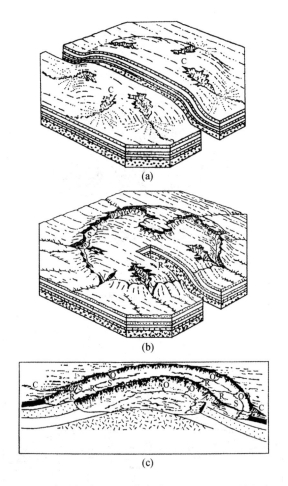

图 3-7 穹隆构造地貌的发育过程(据 A. N. 斯特拉勒)

C 为顺向河;S 为次成河;O 为逆向河;R 为再顺向河

(a) 代表侵蚀在近顶部开始;(b) 代表顶部第一层岩层已侵蚀掉,河流开始侵蚀顶部第二层岩层;(c) 代表顶部第二层岩层已侵蚀掉,内部花岗岩形成中央山体,而顶部第一、第二岩层只在山腰形成环形山脊,在环形山脊间形成顺向河、次成河、逆向河。

（五）断层构造地貌

断层发生后，断层面形成陡崖，称断层崖（如我国的秦岭），见图 3-8。在断层带上，因构造破碎、易受风化侵蚀而形成谷，称为断裂谷（图 3-9）。

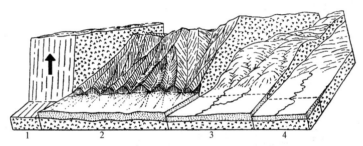

图 3-8　断层崖的演化（据 W. M. 戴维斯）

1. 断层刚发生，形成高大的断层崖；
2. 断块山地被剥蚀降低，断层崖被侵蚀成断层三角面；
3. 三角面进一步降低、后退，形成圆浑的山嘴，山嘴已距断层一段距离；
4. 断块山地被夷平，断层三角面消失。

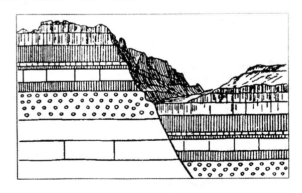

图 3-9　断裂谷

（六）火山与熔岩地貌

火山是地下深处的岩浆喷出地面后堆积而成的山体。

1. 锥状火山。呈截顶锥形。山顶远看无尖、平顶，为火山口，为盆形。有的积水成湖（如长白山天池）。

2. 盾形火山。喷发物为黏性小的玄武岩，则形成盾形，坡度小（如夏威夷岛的冒纳罗亚火山）。

3. 熔岩地貌。是指大规模的玄武岩喷出，可填平低地，形成厚度大而稳定的高原及台地（如印度的德干高原）。

3.3 河流地貌

河流地貌是外营力中一个最重要的营力所塑造的地貌。

3.3.1 河谷的发育

大气的降水或冰雪的融水，开始时在地面上形成薄薄的水层并沿地表向低处流动，称之为片流。接着就将低处的水流连接起来，形成集中线形水流。线形水流，就开始有下切的作用，形成水沟。下切与侧蚀及向上的溯源侵蚀，使沟扩大、加深与加宽。最后形成河谷。水流亦从季节性向常年转变。

河谷通常分谷坡与谷底两部分。谷坡发育除受河流作用外，坡

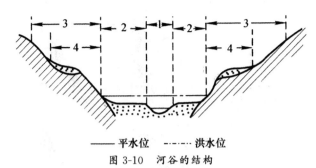

—— 平水位　------ 洪水位

图 3-10　河谷的结构

1. 河床；2. 河漫滩；3. 谷坡；4. 阶地

面岩性、风化、重力、坡面流水及沟谷流水作用也有不小影响。除强烈下切的山区河谷外,谷坡上还发育有阶地。谷底形态各异,在山地仅有河床,在平原则发育有河床与河漫滩(图 3-10)。

河谷发育初期,河流以下切为主,河谷多为 V 形谷或峡谷;尔后,侧蚀加强,凹岸冲刷,凸岸堆积,形成连续河湾与交错的山嘴。河湾既向两侧扩展,又向下游移动,最后切去山嘴,展开河谷,谷地里遂又发生堆积,形成河漫滩(图 3-11)。

3.3.2　河床与河漫滩

(一)深槽与浅滩

河床是平水期河水淹没的河槽,河漫滩则是汛期洪水淹没而平水期露出水面的河床两侧连接河岸的谷底。

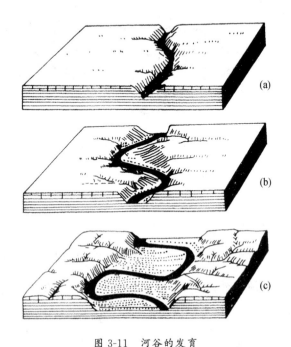

图 3-11 河谷的发育

(a) 初期的 V 形谷;(b) 出现交错山嘴;(c) 河谷展宽并发生堆积

平原上的冲积性河床,由于水流集中而发生侵蚀,挖深河底,形成深槽,接着水流分散,发生堆积,出现浅滩。深槽与浅滩是沿河交替出现的(图 3-12)。

(二)边滩与河漫滩

弯曲河床的水流在惯性离心作用下趋向于凹岸,使其水位提高,从而产生表层水流向凹岸,而底层水流向凸岸的环流。这样,致使凹岸发生侵蚀,河床出现深槽,岸坡因崩塌而后退。侵蚀物被底

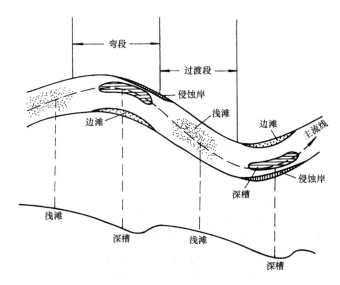

图 3-12 弯曲河床的平面与剖面形态

流带向凸岸,形成小型堆积的边滩。汛期,大量悬浮物质堆在大边滩上成为河漫滩(图 3-13)。

(三)曲流与牛轭湖

在冲积平原上,河流凹岸侵蚀与凸岸堆积持续进行,河流的曲流的弯曲不断加深及摆动,终于使河流突破曲流颈部,被裁去的河弯形成牛轭湖(图 3-14)。如地壳上升,河曲深切,颈部被切穿,则废弃河曲间的山丘即成为离堆山。

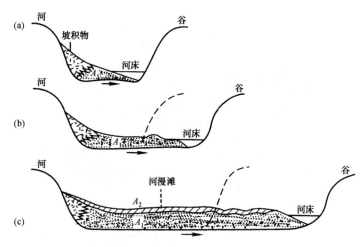

图 3-13　河漫滩的形成(据 E. B. 桑采尔)

→示河流迁移方向；—前期河谷位置；

A_1. 河床相冲积物；A_2. 河漫滩相冲积物

(a)小边滩；(b)大边滩；(c)河漫滩

（四）心滩与江心洲

当河床剖面不规则时，水流被河床分为两股或多股主流线，从而形成复式环流。泥沙在河底受两股相向底流作用的地段堆积形成心滩(图 3-15)。心滩超过水面为江心洲。入海的河流在河口受潮水阻滞也易形成心滩与江心洲。

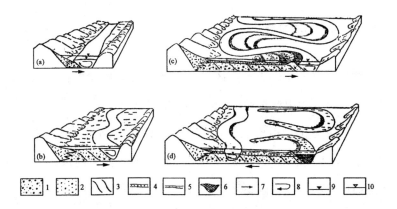

图 3-14 曲流与牛轭湖的形成与发展过程

1—3. 河床冲积物(1. 砾石，2. 砂和小砾，3. 淤泥夹层)；4. 早期河漫滩沉积细砂；5. 晚期河漫滩沉积细砂；6. 牛轭湖淤泥沉积；7. 河床移动方向；8. 环流；9. 枯水位；10. 洪水位

(a)河床浅滩　(b)雏形河漫滩河流弯曲　(c)曲流形成
(d)河道截弯取直形成牛轭湖

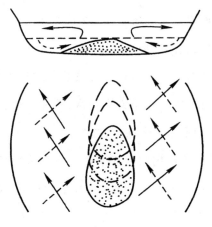

图 3-15　心滩的形成

3.3.3 冲积平原

冲积平原是在构造沉降区由河流带来的大量冲积物堆积而成的。平原可分为山前平原、中部平原和滨海平原。

山前平原位于山前地带,由于河流出山进入平原,河流比降急剧减小,出现大量堆积,形成洪(冲)积扇。各条河流的洪(冲)积扇相连而成洪积—冲积倾斜平原。

中部平原是冲积平原的主体,由于坡度小,河流分汊,水流缓慢,沉积物变细。洪水时,河水往往溢出河谷,其大量悬浮物随洪水堆积河谷两侧形成天然堤。天然堤因多次洪水而不断增高。天然堤形成亦促进河床物堆积而淤高,形成地上河。而两河之间地面相对变低,往往出现湖泊沼泽。洪水大时,天然堤出现决口;洪水过后,决口及其附近留下大量细砂沉积为决口扇。决口过大、坡度大,可能导致河流改道。由于平原河道的摆动,曲流、牛轭湖的发展,使冲积平原地貌不仅多种多样,而且是变化多端。因此,这里是洪水与河流改道的多灾之地,也是开渠引水、疏道开河、兴建水利之处,使地貌与人类活动形成紧密联系(图 3-16)。

滨海平原是河流作用与海洋潮汐形成河流冲积与海相沉积交汇的平原。其地貌与河口三角洲及海岸地貌有紧密联系。

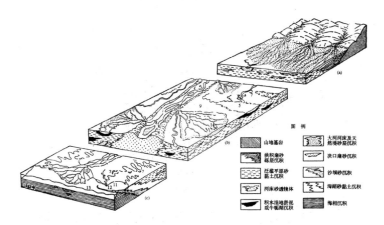

图 3-16　冲积平原地貌和沉积特征示意图

（a）山前平原；（b）中部平原；（c）滨海平原

　　1. 洪积扇；2. 决口扇；3. 天然堤决口；4. 天然堤；5. 河间地积水洼地；6. 沼泽；7. 牛轭湖；8. 河床；9. 河间地泛滥平原；10. 三角洲；11. 湖；12. 沙嘴；13. 海洋；14. 风成沙丘

3.3.4　三角洲

　　三角洲位于河流的河口处，在河流与海洋共同作用下，由河流挟带的泥沙在河口地区的陆上、水下形成的平面形态近似三角形的堆积体（图 3-17）。从平面或剖面上，三角洲可以分为三角洲平原、三角洲前缘和前三角洲三带。在河口地区流速慢，加上潮汐作用，泥沙易于沉积，河床提高易使河流分汊，河口陆地分汊向海延伸，但潮汐向陆地冲击又使河口泥沙沉积物后退并向河口两侧移动，遂使

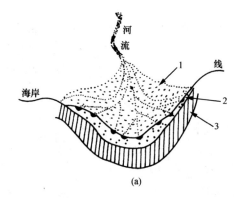

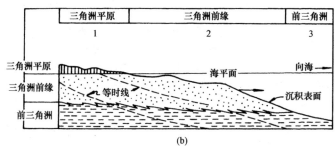

图 3-17　三角洲沉积分带示意

（a）平面图；（b）纵剖面图

1. 三角洲平原分流沼泽；2. 三角洲前缘河口沙坝和席状砂；3. 前三角洲泥

三角洲形态发生差异。鸟足状三角洲(图 3-18)，因潮汐作用弱，河流沉积得沿汊河前进形成。尖头状(图 3-19)与扇形(图 3-20)是潮汐作用强，使河口沉积物向两侧转移形成。多岛型三角洲(图 3-21)介于上述两种之间。

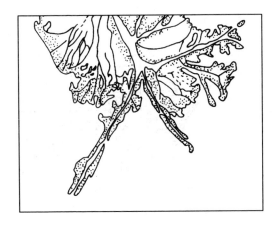

图 3-18 鸟足状三角洲(密西西比河)

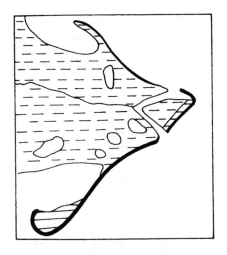

图 3-19 尖头状三角洲(埃布罗河)

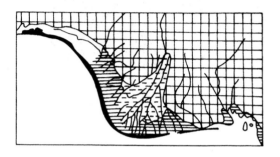

图 3-20　扇形三角洲（尼日尔河）

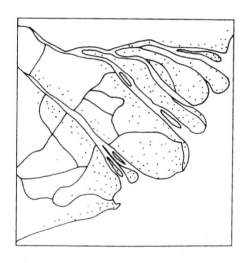

图 3-21　多岛型三角洲（湄公河）

3.3.5 河流阶地

谷底因河流下切而抬升到洪水位以上呈阶梯状分布于河谷两侧,即为河流阶地。阶地分阶面与阶坡。前者为原谷底的遗留部分,后者则由河流下切形成。阶面与河流平水期水面高差即为阶地高度(图 3-22)。多级阶地的顺序自下而上排列。依据组成物质与结构,阶地可分为侵蚀阶地、堆积阶地和基座阶地。

侵蚀阶地多发育于山区河谷中,并由基岩构成,其阶面为河流长期侵蚀而成的构造面。堆积阶地多分布于河流中、下游。其组成物质为冲积物。基座阶地形成条件与堆积阶地近似,区别在其下切深度超过冲积层并进入基岩。

图 3-22 河流阶地

1. 阶地面;2. 阶地坡;3. 阶地前缘;4. 阶地后缘;h. 阶地高度

从成因来说,河流下切除新构造运动外,还有气候变迁和海平面变化。地壳上升与河流下切往往多次交替进行,会形成多级阶地。气候变化不但影响河流水量的增减,还引起植被变化从而影响含沙量变化,使河流下切力受到影响。海平面通过其升降影响河流的侵蚀与堆积转换。

3.3.6 准平原与河流地貌的发育

准平原是湿润气候条件下,地表经长期风化和流水作用形成的接近平原的地貌形态。作为一种大规模夷平面,也可因构造上升而成为高原面或发生变形,或被切割后仅保存于山岭顶部成为峰顶部。

准平原的发育大致包括以下过程,如图 3-23 所示:(a) 原始地面保持平缓;(b) 构造上升,河流下切,形成 V 形谷或峡谷,分水岭仍保持较宽平;(c) 侧蚀加强,河谷展宽,切割密度加大,分水岭变为尖锐山岭;(d) 河流侧蚀作用形成宽广谷底平原,谷间分水岭降低、变缓,上凸下凹;(e) 地面夷平近似平原,少数地段存在低矮孤立的残丘。河流这种发育过程从准平原开始再到准平原,当然需极长的时间与地质的缓慢升降活动相配合。如果中间出现强烈的地质活动,则这个过程就会中断而变化。

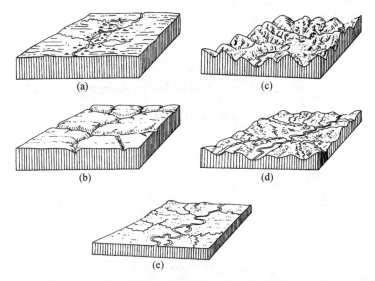

图 3-23　湿润地区地貌发育过程与准平原（据 R. 锐茨）

3.4　喀斯特地貌

喀斯特地貌是指其含有碳酸钙的石灰岩经溶有二氧化碳的酸性雨水溶蚀而形成的地貌，亦称石灰岩地貌或岩溶地貌。因为这种地貌在巴尔干半岛以喀斯特为名的石灰岩高原地貌而有名，故被称喀斯特地貌。

3.4.1　地表喀斯特地貌

地表喀斯特地貌的表现形态（图 3-24）主要如下：

图 3-24　喀斯特地貌类型及其分布示意

（一）石芽与溶沟

地表水是沿石灰岩表面的裂隙溶蚀开始，从小沟逐步加深加宽。经相当时间溶蚀，形成高度达数十米、失去顶层平面的柱状体，称为石芽。石芽密集，被称为石林（如云南的石林）。

（二）岩溶漏斗与落水洞

由流水沿裂隙溶蚀形成碟形或倒石锥形洼地，宽数十米，深数米至十余米，底部为垂直裂隙或落水洞。落水洞规模很大的称天坑。重庆市奉节南荆竹的巨大天坑就属于落水洞。岩溶漏斗扩大或合并会形成溶蚀洼地。

（三）岩溶盆地与岩溶平原

岩溶盆地，是一种大型岩溶洼地，再扩大就成为岩溶平原。

（四）峰丛、峰林和孤峰

峰丛是在同一基座上，而顶上各峰分离的地貌；峰林是指分散的山峰；孤峰是指残留山峰。它反映了石灰岩峰发育过程。我国漓江沿岸"山水甲天下"的著名景观就是峰林平原地貌。

3.4.2　地下喀斯特地貌

当地下水的溶蚀作用沿裂隙转入地下，而在岩层水平层理发育及地下水位高度较稳定情况下，往往溶蚀成大而深的水平洞穴。在岩层上升，或地下水的水位下降，溶蚀作用下移，则洞穴就会变成干洞。在有地下河的溶洞中，地下河有长有短，有的甚至还有面积大小不一的暗湖与瀑布。长的地下河往往与地面的河流相连。

在干溶洞中，没有地下河，但有少量的水沿裂缝滴下，长年累月，形成石钟乳。在滴到地面上的地方，会形成石笋。石钟乳与石笋上下相连，会形成石柱。石钟乳、石笋和石柱不仅千姿百态，由于化学成分不同，亦有颜色差异。这样，就给地下喀斯特溶洞带来奇特的景观(图 3-25)。

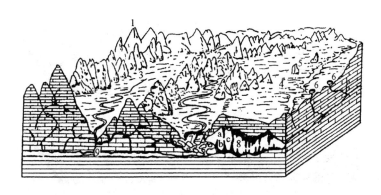

图 3-25　岩溶形态示意图(据王飞燕)

1. 峰林；2. 溶蚀洼地；3. 岩溶盆地；4. 岩溶平原；5. 孤峰；6. 岩溶漏斗；7. 岩溶塌陷；8. 溶洞；9. 地下河

(a)石钟乳；(b)石笋；(c)石柱

3.4.3 喀斯特地貌发育过程与地域

当地壳上升后而长期稳定时,厚而平缓的石灰岩,将首先发育为石芽、溶沟、漏斗和落水洞,继而形成独立的洞穴系统,地下水位高低不一。随后,独立洞穴逐渐合并为统一系统,地下水位亦趋一致。地下水位之上出现干溶洞,地下水位附近发育地下河,地面成为缺水的蜂窝状。再后,地面蚀低,浅溶洞与地下河因崩塌而露出地表,地下河陆续转为地面河,破碎的地面出现溶蚀洼地与峰林。最后,岩溶盆地不断蚀低、扩大,地面广布蚀余堆积物,形态接近准平原,但仍残存孤峰(图 3-26)。

由于喀斯特地貌是靠水对岩石的溶蚀作用,因此,该地貌类型

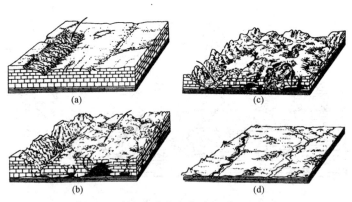

图 3-26　喀斯特地貌发育过程(据 R. 锐茨)

(a)幼年期,图中箭头示石芽;(b)青年期,图中箭头示岩溶漏斗;(c)壮年期,图中箭头示大型溶蚀洼地;(d)老年期,平原上有蚀余堆积物

的发育离不开保持液态水的温度与湿润的降水二者所形成的气候。在干旱地区,如果有地下水的供应亦会有岩溶地貌出现。气候寒冷地区,只能出现小型溶沟和浅洼地、小溶洞。

3.5　冰川与冰缘地貌

在高山与高纬度地区,气候严寒,有常年冰雪与短期融雪、化冻形成的地貌,称为冰川地貌与冰缘地貌。

3.5.1　冰川地貌

(一)冰川作用

冰川是冰雪在压力下变形为塑性物质而产生运动。冰川的运动既受本身重量推进,又受下伏地形与冰面坡度的影响,其移动很缓慢,每年数十米至数百米。山岳地区,雪线以上,冰雪积累,在坡面上刻蚀出粒雪盆。粒雪积多便溢出盆地外流,沿坡而下,冰川底受岩槛阻而生裂隙,冰川舌的上部,移动加快。冰川表面中部比底部与两侧移动较快。在冰川末端,冰舌变薄、消融。冰川在夏季后退,冬季前进。

冰川在运动中,亦类似河流一样,有侵蚀、搬运和堆积作用。但作用表现形式与河流不同。在搬运、堆积作用中,冰川没有大小轻重的分选作用。

冰川的侵蚀作用远大于河流。冰雪地区,寒冻风化作用使岩石易于破裂。冰川流动中所带的物质称为冰碛物。因位置不同,而有不同名称。在底部为底碛,冰川中的为流动碛,冰川前端的为挤压碛。在冰川消融后,各碛石都堆积于地面。在原冰川两侧的为侧碛石,终端的为终碛石,底部的为底碛石(图 3-27)。

冰川堆积物,大大小小,混杂一起。大者直径有数十米,上万吨,小者如 0.005 mm 的黏土,无层次,无分选,磨圆度差,有棱角,有磨光面,擦痕。它与河流堆积完全不同。

(二)冰川地貌

冰川地貌有三部分:冰蚀地貌、冰碛地貌、冰水堆积地貌。

1. 冰蚀地貌有冰斗、冰川谷、羊背石。

典型冰斗是个围椅状洼地,三面为陡壁环绕,向下坡有一开口。

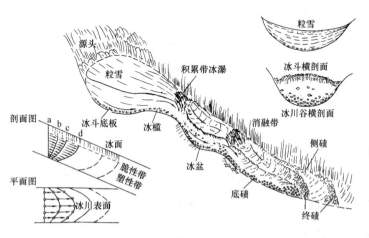

图 3-27　山地冰川的垂直分带与冰川运动

其外有陡坎的岩槛,再下为冰川谷。在冰雪及其流动下,洼地不断加深,冰斗扩大,冰斗间坡被刻蚀成刀刃状山脊,称刃脊。刃脊的汇合处遂成为角峰(图 3-28)。

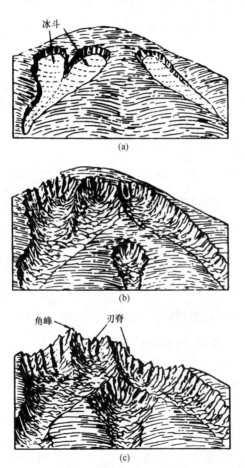

图 3-28 冰斗、刃脊和角峰发育过程示意图

冰雪在冰斗处向下流动进入谷中,形成冰川谷。谷底稍宽而平,形成 U 形谷,也称槽谷。主冰川在流动中,将沿途山嘴切削成三角面,在沿途还汇合些支冰川。故冰川越往下,厚度、宽度不断加上,谷形也越大。支冰川因厚度小、刻蚀弱、谷底高,在汇合主冰川处,则谷底不在一平面,就会形成悬谷。冰川到低处,便发生消融,亦有直接入海形成冰山。

在冰川谷基岩上,冰川往往刻蚀有石质小丘。其迎冰川面,坡平缓,面呈磨光面,有擦痕刻槽。背面受拔蚀,形成参差不齐陡坎。远望如一群匍匐的羊群,故称羊背石。

2. 冰碛地貌是随冰川运动的碛石,在冰川消融后,这些碛石杂乱堆积在地面,碛石堆积地面呈波状起伏,面积大者,称冰碛丘陵。如堆积呈长堤状,根据其原在冰川中的位置可以分为侧碛堤、终碛(尾碛)堤。

3. 冰水堆积地貌是冰川融水把堆积碛石再搬运而形成冰水堆积,它分布在终碛堆积堤以外,又形成冰川扇、冰水外冲平原。其上有冰水湖与狭长隆岗,蜿蜒曲折,称蛇形丘。

3.5.2 冰缘地貌(冻土地貌)

(一)冻土

冻土是指地温在年平均 0℃ 以下,含有冰的各种土、石层。冻土上层有季节或昼夜的周期融冻,称活动层。其下长期冻结,称多年冻土层。冻土层厚度随海拔高度和纬度而形成特殊的冻土地貌。

（二）冻土地貌

在冰川边缘或雪线附近，由于剧烈的寒冻风化，基岩崩解成大片巨石和角砾，就堆积在平缓地面上称为石海。沿山坡的碎屑可能因冻融胀缩作用与石块的重力作用使其向下发生整体性移动，状如河流，称为石河。如气候转暖，则石河会停止移动。如在原冰川谷中，就称石冰川。

在细土、砂、砾组成的松散堆积地面上，在冻结时，大块石头下的空隙比细土与砂要大，冰体亦较大，则抬升也较细土、砂要高。融冰时，大冰体融化慢，大石块下的空隙易被已融冰的细土、砂所填。如此反复，形成特殊的几何图状的现象，称为构造土，以环形较普遍（图 3-29），此外则为多边形。

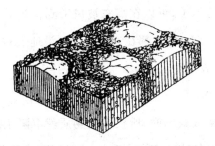

图 3-29　石环（据 C.T. 博奇）

3.6 风沙地貌和黄土地貌

3.6.1 风沙作用

干旱气候下地表广泛发育沙质风化物,植物稀少,干燥多风,沙粒吹扬、搬运、堆积,形成风沙地貌。

(一)风蚀作用

风蚀作用分吹蚀和磨蚀。风速的不同,可以把不同粒径的沙粒吹走。吹蚀作用只是将沙子数量减少,厚度减少。相对来说,重要的是磨蚀作用。随风吹扬的沙粒,甚小石子,对地面迎风而立的地物打击、磨擦及旋磨,使其表面出现深浅不同的洼穴,甚至形成奇怪的外形。

(二)搬运作用

风的搬运强度随风的速度而变化。被搬运的物质在空间位亦有不同。很细的尘土,可以在高空被风带到很远处。较重的碎石、粗砂,在风的吹动下,则大都在近地表处或沿地表被风挟带,或沿地表跳动,或沿地表滚动前进。

(三)风积作用

当风力受阻或减弱时,所挟带的物质就沉降于地表,形成不同的地貌。沙漠中各种形状的沙丘,地质时期形成的黄土高原都属于风积作用形成的地貌。

3.6.2 风沙地貌

(一) 风蚀地貌

风蚀的微形地物和形态有风棱石和风窝。在戈壁滩地表上的小石块,在夏、冬两季固定风向风蚀下形成风棱,有单棱、三棱、多棱。在迎风的岩壁上,出现不同直径、不同形状的小洞、凹坑,有的密如蜂窝。

风蚀形成的中等地物有风蚀柱、风蚀蘑菇、风蚀残丘。风蚀柱与风蚀蘑菇都是顶有坚硬的岩块,其下为风蚀形成的粗细不同的柱体。风蚀柱,顶上岩块小,其柱体高,较细,上细下粗。风蚀蘑菇,顶上岩块大,其下柱短。风蚀柱、风蚀蘑菇多孤立存在,前者亦有成群出现。

风蚀形成的地貌有风蚀谷、风蚀洼地、风蚀残丘、雅丹地貌。干旱地区暴雨冲刷形成冲沟,经风蚀加深,扩大成为风蚀谷。地面松散物质,经长期吹蚀形成深度、面积不等的风蚀洼地,有的积水在底部成为湖泊。平整沉积层在沟蚀基础上,加风蚀,形成相对顶平、坡陡,有的孤立成为风蚀残丘与岗、垅、墩、堡等形状奇特的形态与外貌,称雅丹地貌。雅丹取名于新疆维吾尔语。

(二) 风积地貌

风所挟带的沙粒沉积下来会形成各种地貌。风积地貌的形态受风向、含沙量、气流运动方向及原地貌等因素影响。其主要形态有沙堆、沙丘、沙垅。

当风沙流遇到地草灌丛时,沙粒受阻在植物根部堆积。开始在迎风及两侧,后包围草灌丛。再后,草灌丛因生长与沙堆一齐上升。当草灌丛因上升失去水分供应而逐渐死去时,沙堆失去依靠亦破坏而消失。

在沙量供应充分,沙堆较大而高,两侧受主方向风力作用两翼向前延伸时,就形成新月形沙丘。迎风坡凸而缓,背风坡凹而陡。沙丘高约数米至十数米。如沙源不足,沙丘高度会下降,甚至新月形沙丘会被拉平。当新月形沙丘在两种呈锐角相交的风向作用下,其主风向使一翼前伸加强,而另一翼受次风向作用而萎缩,结果新月形会形成鱼钩状纵向沙丘——沙垄。沙丘一旦形成,会受风力作用而发生移动(图 3-30)。

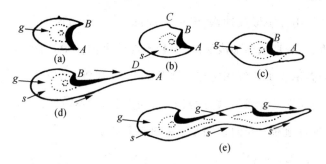

图 3-30　由两种锐角相交的风,将新月形沙丘演变为纵向沙垄(据 R. A. 拜格诺)
(a)(b)(c)为单一风下的新月形沙丘形态变化,(d)(e)为两种锐角相交风下的新月形沙丘形态变化。g、s 为风向,A、B、C、D 为坡角

3.6.3　荒漠与荒漠类型

荒漠气候干旱,缺乏植被,物理风化强烈,地表因物质组成的不同而分为岩漠、砾漠、沙漠和泥漠。

岩漠在地貌上主要为基岩裸露的山丘与大量风化碎屑物,在重力及瞬时暴雨作用下,堆积于山麓地区。这些石骨嶙峋的残丘与山麓剥蚀的平原组成的地貌称为岩漠。在由坡积、洪积和冲积物质所组成的缓坡平原上,细粒沙土被吹扬至他处,地面都是粗大砾石,其表面被蚀成光滑面,成为风棱石。强烈蒸发后,将溶解铁、锰质沉积在砾石表层,成黑色,称为"沙漠漆"。蒙古语称此为戈壁。在干旱地区的平原与盆地上,因风积作用,形成各类沙丘,称为沙漠。在低洼处或盆地中心,暴雨搬运的黏土物质堆积,干涸后成为泥漠。

3.6.4　黄土与黄土地貌

(一) 黄土特点

黄土是一种土状堆积物。我国黄土厚度一般为 50—100 米。黄土颗粒小,质地均匀,以粉砂和粒土为主,结构疏松、透水性强、无层理、垂直节理发育、利于地表水的侵蚀与下渗。黄土成因有风成说与水成说两种,我国黄土以风成为主。在第四纪冰期时代,气候寒冷干燥,强劲的西北风,将蒙古高原和新疆地区的尘土吹降在黄河中游地区,形成黄土高原。

(二) 黄土地貌

黄土高原的原始地面平坦,很少受沟谷侵蚀,称为黄土塬(如甘肃西峰镇的董志塬)。流水侵蚀,使沟谷与沟间地貌开始发育,塬面被切割。沟谷加深、扩大,塬面逐渐收缩,在两河谷之间的塬面成条带状,称为墚。接着与河谷垂直的沟将墚分割成一个个丘状体,变成一个个圆顶丘的峁。峁的进一步发育遂使黄土高原成为沟谷纵横与峁丘林立的地貌(图3-31)。

由于黄土的透水性,潜蚀作用会使地面下陷,形成碟形洼地、黄土陷穴、黄土桥、黄土柱等形态。

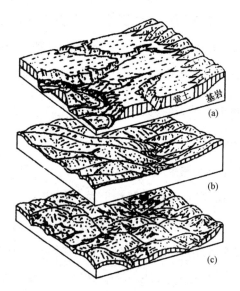

图3-31 黄土沟间地貌类型

(a) 黄土塬;(b) 黄土墚;(c) 黄土峁

3.7 海岸地貌

海洋与陆地的交界处的海岸在海水动力作用下形成各种各样的海岸地貌。

3.7.1 海岸地貌

海岸带通常分为海岸、潮间带与水下岸坡三部分。海岸地貌的形成与发展是波浪、潮汐、沿岸流与陆地相互作用的结果。海岸地貌分海蚀地貌与海积地貌两类。

（一）海蚀地貌

变形波浪及其形成的拍岸浪对海岸进行的撞击、冲刷，波浪挟带的碎屑物质的研磨，以及海水对岩石的溶蚀，统称海蚀作用。其作用所形成的地貌（图 3-32）主要形态有：

1. 海蚀穴。在高潮面与陆地接触处，海浪的冲淘形成槽形凹穴，沿岸线分布。

2. 海蚀崖。海蚀穴在拍岸浪继续作用下，顶部岩石后退形成陡壁为海蚀崖。

3. 海蚀拱桥与海蚀柱。相近两个海蚀穴相向发展而互通形成海蚀拱桥的柱状体称为海蚀柱。

图 3-32　海蚀柱、海蚀崖、海穹与海滩

4. 海蚀台。当拍岸浪海蚀作用不断加强,海蚀穴不断前进,海蚀崖不断后退,遂形成一个水下缓坡平台,称海蚀台(图 3-33)。

(二)海积地貌

海岸带的海滨沉积物,由于地形与波浪力量变化,使沉积物堆积成各种海积地貌。

1. 横向移动为主的海积地貌

向海岸涌来的海浪使岸坡上部物质不断推向岸边,而海浪的回水,又不断把岸坡下部物质不断带向海里。在上推、下移两个侵蚀带之间有一过渡带,称为中立带。在波浪作用下,中立带以下的下部侵蚀带,由于物质下移而形成侵蚀凹地,变为陡坡。侵蚀凹地下移物质形成水下堆积台,岸坡下部变浅、变缓。而侵蚀凹地上推物

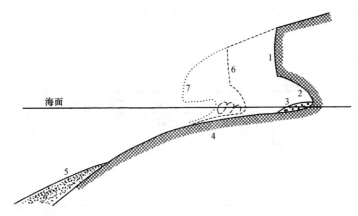

图 3-33 海蚀台发展示意

1. 海蚀崖；2. 海蚀穴；3. 海滩；4. 海蚀台；5. 水下堆积台；6、7. 前阶段的海蚀崖

质,则形成沿岸海滩。中立带在上推、下移下不断扩大,形成一个凹形曲线(图 3-34)。

海滩出现后,在暴风浪作用下,上推作用强大,往往在海滩外缘形成一条条垄岗状堤,物质较粗,称为滨岸堤或沿岸堤。当岸边地形过浅,会出现水下堤和离岸坝。当其发育升高露出水面,即为离岸坝(岸外沙堤)。它与滨岸堤之间的低地就成为潟湖。时间过长,沉积作用会使潟湖消失。

2. 纵向移动为主的海积地貌

在海岸曲折的地段,沿岸泥沙流的移动随海岸方向改变,波浪作用力减少,会发生多种形式的堆积与地貌。

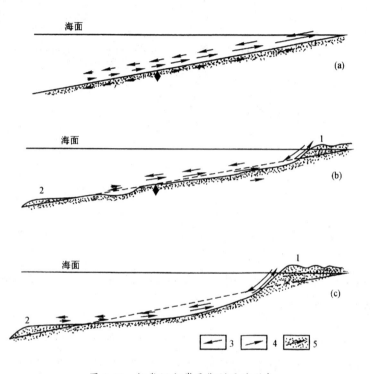

图 3-34　松散沉积岸平衡剖面的形成

1. 海滩;2. 水下堆积台;3. 沉积物离岸移动的相对数量;4. 向岸移动的相对数量;5. 一个完全的波浪运动之后的总移动量;◆中立带位置

　　在凹岸处,由于波浪辐射,波能扩散,泥沙在凹岸的尽头沉积为海滩(图 3-35)。如是海湾面积会减少,岸线会拉平。

　　在凸岸处,当波浪聚合,波能集中,如为岩石,会被冲蚀为海蚀崖。其坡下泥沙流,在岸线向陆地转折处发生堆积,并顺岸延伸,一端与陆地相连,另一端形成沙嘴(图 3-36)。

当近岸处有岛屿时,在岛的后部,因受岛阻挡,波浪作用小,形成波影区。当该处搬运能力下降,出现由陆向海的沉积。而岛屿两侧出现的沙嘴又向陆地发展。最后两种相向的沉积相连,使离岸岛变成与陆地相连的半岛(图 3-37)。

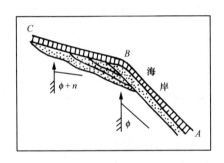

图 3-35 海滩的形成

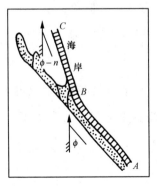

图 3-36 沙嘴的形成

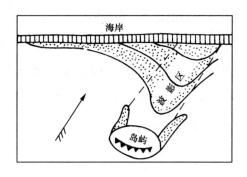

图 3-37　陆连岛及连岛沙坝的形成

3.7.2　海岸地貌类型

海岸地貌类型分岩岸与沙岸两类。

（一）岩岸（山地海岸）

岩岸按地貌排列方式或其他特征分为：

1. 海水淹没与海岸直交的谷地,以西班牙里亚地区为典型,称里亚式海岸[图 3-38(a)]。

2. 海水淹没与海岸平行的谷地,以亚得里亚海的达尔马提亚海岸为典型,称达尔马提亚海岸[图 3-38(b)]。

3. 海水淹没古冰川 U 形谷,形成峡湾海岸,以挪威海岸为典型[图 3-38(c)]。

4. 断层海岸,断层线与海岸平行,如我国台湾东海岸属此类
[图 3-38(d)]。

5. 海水淹没河谷,形成溺谷海岸[图 3-38(e)]。

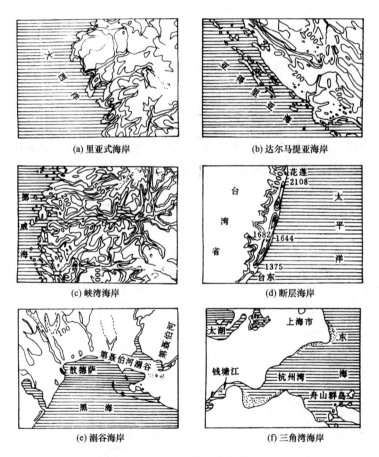

(a) 里亚式海岸　　　　　　　(b) 达尔马提亚海岸

(c) 峡湾海岸　　　　　　　　(d) 断层海岸

(e) 溺谷海岸　　　　　　　　(f) 三角湾海岸

图 3-38　几种海岸类型

（二）沙岸

沙岸大部分为平原海岸，可分为：

1. 三角洲海岸，于河流入海处形成三角洲。

2. 淤泥堆积平原海岸，如我国的江苏北部。

3. 潟湖岸，沿岸有潟湖。

4. 海水淹没平原河口，形成溺谷海岸，又称江湾海岸。

5. 溺谷经潮流和波浪的强烈冲刷扩展为喇叭口形的三角形海湾，如我国的杭州湾[图 3-38(f)]。

我国长江口以南属山地海岸，多港湾。长江口以北，除山东半岛与辽东半岛有青岛、大连等因山地海岸而有港。其他平原地区缺港口。上海、广州、大沽是平原依河口建港。

第4章 陆 地 水 文

4.1 地球上水的分布与循环

地球上除了存在于各种矿物中的化合水、结合水，以及深部岩石所封存的水分以外，海洋、河流、湖泊、沼泽、地下水、大气水分和冰，共同构成地球的水圈。海洋占地球表面积的 71%，全球水量的 97%。其余的除大气水分(占 0.001%)、地下水(占 0.9%)外，陆地的地表水(包括河流、湖泊、沼泽和冰川)只占 1.82%。可以说，地球上的水的分布极不均匀，而且陆地上占的份额是极少的。

地球上的水并不是静止不动的，在空间上是不断转移的，在水相上是不断转化的，它是一个复杂的循环过程。海陆面的水因蒸发而进入大气，在适宜条件下凝结发生降水。其中大部分降落在海洋中，形成海洋水分与大气间的内循环；另一部分水汽被转移至陆地上空以雨的形式降落到地表，然后出现三种情况：一是通过蒸发和蒸腾返回大气。二是渗入地下形成土壤水和潜水，形成地表径流最终注入海洋。后者是水分的海陆循环。三是内流区的径流不能进入海洋，而是通过河面和内陆空间湖面蒸发再次进入大气。其循环中各种水相的数量如图 4-1 所示。人类各种活动所需求的水量仅

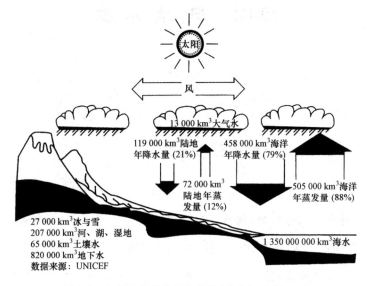

图 4-1　全球水循环过程和数量(据 John Mbugua)

占海陆全球水循环中降于陆地上的那 21％。陆地水文中的河流、湖泊、沼泽、冰川与地下水情况将分述如下。

4.2　河流、水系和流域

河流是指在陆地表面的天然河槽中流动的自然水流。这里的河槽与水流是自然形成的,静态的河槽与流动的水流是相互作用、相互依存的。每条河流都有其起始的源头与终端的河口。在源头与河口之间,大体上可以分为上游、中游和下游。源头从集水区汇集的水,由小溪而增大,上游的河谷窄,坡度大,流速快,流量小,但侵蚀作用强,断面呈阶梯状,多急流瀑布。中游河谷展宽,坡度减小,支流的加入,水量增大,侧蚀加强,冲刷减弱,淤积出现。下游是河谷宽阔,水量大,坡度缓,流速小,淤积占优势,河流出现曲流,河中多沙滩、沙洲。

一条河流,除主流外,又有不同等级的支流。主流与支流构成一条河流的水系。水系的特征,首先是主流的长度,如我国的长江,有 6 300 km,仅次于非洲尼罗河、南美的亚马逊河,位居世界第三。单位面积内河流水系的河道长度多少以河网密度表示其发育程度,它与该地区气候中的降水,与地区地质、地貌条件有关。另外,支流水系与主流河道的排列形式,以树枝状与羽毛状较为普遍。支流与主流汇合在短距离内较为集中,如形成扇形,则会因支流在该河段注入水量急增,易导致局部洪水。

河流水系范围,即流域面积,是指该水系的集水面积。它是以该水系与相邻水系的分水岭所形成的封闭区域为代表。但是,水系的集水除地表水以外,还有地下水。地下水来源的范围,往往与地表水的集水范围并不一致。由于其集水范围在地下,难以确定,故流域往往以地面的集水面积为代表。流域面积的大小、形状、水量与主流河道长度与水文特征有密切关系。例如流域面积狭长,使水系主流河道的水量较为均匀,不会因水量集中而导致灾害。

4.2.1 河流水情要素

水情要素是反映河流水文情势及其变化的因子。它主要包括水位、流速、流量、泥沙、水化学、水温和冰情等。通过分析这些要素才能了解河流活动在地理环境中的作用。

(一)水位

水位是指河流某一地点及某一时刻相对于基准面的水面高程。基准面又称基面,是量算高程的起点(零点)。基面分绝对基面和测站基面两种。前者是以某一河口的平均海平面为零点的基面。我国规定统一采用青岛基面。后者是以测站的最低枯水位以下0.5—1 m处作为零点的基面。水位的高低与流量的大小及河流水量的补给情况有关,同时还受到河道的冲淤、风、潮汐、结冰等因素影响。由于大多数河流的水量补给多来自降水,所以该地的气候中降水变化是影响河流水位变化的重要因素。注意水位特征要关注最高水位、最低水位、平均水位以及与灾情相关的防汛水位、警戒水位。

(二)流速

流速是指水质点在单位时间内的移动距离,以每秒米表示。河流断面从上往下,从中心往两边的各点流速是不同的。通常流速是由河底向水面、由岸边向河心逐渐增加。一般流速是平均流速,通过仪器测量获得,也可以用水力学公式计算求得。

（三）流量

河流流量是指单位时间内通过某一断面的水量（体积），单位是每秒立方米。流量的大小与水位有直接关系。通常流量增，水位就上升，流量减，水位就下降。因此，通过测量资料作出水位与流量关系曲线，就可以通过水位的测定来推求出流量。

（四）河流泥沙

河流泥沙是指组成河床和随水流动的固体颗粒。随水流动的泥沙也称为固体径流。悬浮于水中并随水流移动的较细泥沙称为悬移质，较粗的泥沙沿河床滚动或跳跃移动，称为推移质。

河流中的泥沙含量是以 $1\ m^3$ 河水中所含的泥沙重量计，其单位是千克每立方米，河流中的泥沙大多来自河流的中、上游。它与中、上游的流域内地面物质、植被条件及人类活动有关。例如，我国黄河流经黄土高原，黄土本身的疏松，植被的稀疏，加上人类的活动，每遇降雨，大量泥沙随径流进入河槽，造成河流含沙量大增。

（五）水温与冰情

河水的温度与流域内的气候条件及补给的水源情况有关。在一般情况下，水温随季节而变化，春夏升高，秋冬下降。在一日内，是白天升、夜晚降。河水如果来自冰雪的融化，则水温较正常的河流水温低。

在高纬度地区，冬季温度较低，出现结冰。冬季河水结冰给供水和船只航行造成困难，但却可以形成陆地上的冰道。北半球高纬度地区河流由南向北流，在解冻时，南面解冻早，北面解冻晚，上游解冻后,流动冰块向北移动易因壅积形成冰坝,抬高水位造成"凌汛"。我国黄河下游山东段,因黄河由西南流向东北,易出现"凌汛"。

4.2.2 河川径流

径流是大气降水到达地上,除掉蒸发而余存在地上与地下,从高处向低处流动而形成水流。径流分地表径流和地下径流。地上与地下两径流汇合,向流域出口断面汇集称为河川径流。按降水形式,可分降水径流和冰雪融水径流。

(一)河川径流的形成过程

其过程可以分为三个阶段。

1. 流域的蓄渗阶段。降水落到流域内,一部分被植物吸收,另一部分被土壤吸收、下渗,形成地下水。所以降水少或降水初时不会产生径流。当降水量超过上述消耗后,便会有多余水分在低洼处停蓄起来。停蓄的水在降水停止后,则会被蒸发、下渗而消耗。

2. 漫流阶段。当降水满足蓄渗后,多余降水就会沿坡面形成漫流。漫流在向河槽汇集中时亦有部分下渗。漫流水量过多、过强会造成严重的水土流失与破坏。

3. 河槽集流阶段。地面漫流的水进入河道中,沿河网向下游流动,使河流流量增加。河槽集流阶段,大部分河水流出河口,有小部分渗入河谷堆积物补给了地下。待流量减少,水位下降后,两岸地下水会反过来补充河水。

（二）径流变化

径流由于受气候与地面各因素的影响而有年内变化与年际变化。

1. 年内。根据水情变化,可以分出汛期、平水期、枯水期及冰冻期。河流处高水位时称为汛期。我国绝大多数河流的最高水位是夏季集中降水造成的,故称其为夏汛。因为我国是季风气候,集中降水强,故易形成洪水灾害。有河流靠积雪融化,故在春季出现高水位,称春汛,但水量小,时间短。枯水期是低水位时期,多出现于降水少的冬季。如冬季河流封冻,为冰冻期。其余为平水期。目前,我国有些径流量不大的河流,由于上游水库蓄水,下游灌溉用水过多,往往使河流出现断流。

2. 年际。由于气候的年际变化,降水量年际波动引起河流径流量出现年际变化。为表示这种变化,通常以正常年径流量为标准,大于正常年径流量为丰水年,小于正常年的为枯水年。也有以径流离差系数来表示年径流的变化程度。长江以南一般在 0.30 以下,黄河中游和渭河一带为 0.40,海河为 0.70。可见该系数与我国降水变率趋势基本一致。

4.2.3　河流的补给

河流的补给就是指河水的来源。来源有雨水、融水、地下水和湖泊、沼泽。

（一）雨水补给

世界上河流大多数都是由大气降水补给。雨水补给的河流,其水量、涨落、丰枯受雨水制约。在秦岭—淮河以南、青藏高原以东,雨水补给比重大。

（二）融水补给

是指由高山冰雪融化以后所补给的水。高山冰雪在春季气温回暖融化形成春汛补给。这种补给在时间上因春季温度上升较为稳定,故变化较有规律。在水量上,如其前降雪量越大,春季的融水补给量也越大。另一种是夏季融化的冰雪水,它是多年所积的冰雪,其融化水量由融化时的气温所决定。而一日温度有变化,故河水径流量也有明显的日变化。我国东北河流属前一类,新疆的内陆河河水补给属后一类。

（三）地下水补给

是指河流由地下水提供补给。地下水是河流较经常的水源,一般约占河流径流的 15%—30%。地下水的水量较降水稳定,对河流水情变化有重要影响。地下水有浅层、深层之分,浅层受地表径流影响大,深层受外界影响小,补给稳定。河流不但受地下水补给,在河流水位高于两岸地下水时,则河流亦以部分水量补给地下水。

（四）湖泊与沼泽水补给

湖泊、沼泽与河流水量补给关系比较复杂,有的河流接受湖泊、沼泽补给,有的河流是向湖泊、沼泽提供补水,还有相互接受、提供、并在时间、水量上各有不同。由于湖泊和沼泽面积大,水位较为稳定,在补水上往往对河流水情稳定起重要作用。

4.2.4 河流的分类

河流分类原则往往依据气候条件、径流变化、河槽状况等及其组合而定。

我国根据最大流量和年平均流量的比值,以及最大月和连续 3 个月最大水量出现的时间将全国河流分为三大类。

(一)雨水补给类

分布于秦岭淮河以南,以雨水补给为主,年内径流变化与降水一致,汛期集中于雨季。

(二)雨水—融水补给类

分布于秦岭与淮河以北,包括东北、华北以及青藏高原东部。河流以雨水补给为主,季节性积雪融水次之。径流年内变化与降水、气温变化有关,夏汛为主,部分有春汛。

(三)融水—雨水补给类

分布在内蒙古东北、黑龙江西部和北部、阿尔泰山、天山、昆仑山和祁连山西部、青藏高原西北及南部山区。河流以冰雪融水补给为主,雨水次之。北部春汛为主,夏汛次之,祁连山西部夏汛为主。

4.3　湖泊与沼泽

4.3.1　湖泊

湖泊是指终年蓄积了水,又不直接与海洋相连的洼地。湖泊是世界上陆地水中重要的水体,总面积约 270 万 km^2,占陆地面积的 1.8%。

(一)湖泊的类型

湖泊类型是多种多样的。

1. 按成因分有:

(1)构造湖:由地壳的构造运动(断裂、断层、地堑等)所产生的凹陷形成的。特点是湖岸平直、狭长、陡峻、湖深。如贝加尔湖。

(2)堰塞湖:由火山喷发熔岩或山崩引起河道阻塞而形成。如我国东北五大连池。

(3)火山口湖:由火山喷发停止后,火山口成为湖盆积水而成。如长白山的天池。

(4)河成湖:如由河流改道而形成的牛轭湖。

(5)风成湖:在干旱地区,由风蚀洼地形成的湖。

(6)冰成湖:由冰川作用形成的湖。如新疆北部阿尔泰山山区的喀纳斯湖。

2. 按湖水进出情况,有吞吐湖、闭口湖。前者如洞庭湖,可以流出,又可以流入。后者如青海湖,只有流入而无流出。

按与海洋关系,有湖水可入大海的外流湖,如太湖;有不能入大海的内陆湖,如西藏的纳木错湖。

3. 按湖水矿化度分,有淡水湖、咸水湖、盐湖。

(二)湖泊的特点

湖泊大多有一定深度,其水情特点往往与河流不同。首先,湖水的增温与冷却有沿深度变化现象。当全湖水温不低于 4℃时,上层水温高、密度小,下层相反。当全湖水温低于 4℃时,上层温度低、下层温度高。当临 4℃时,水温上下一致。这三种情况称正温层、逆温层和同温层。湖泊由于湖面比河流宽阔,又处于平稳少运动状态,经受风力作用下湖面形成一定方向的水流,称风成湖流。另外,由于湖岸升温快,水密度下降,而湖心水升温慢、密度大。由于密度差异引起湖心水体下降,由底部转向湖岸,而湖岸水面则流向湖心,形成垂直环流。湖的水量因湖水进出情况而异:吞吐湖变化大,无出口的内陆湖则比较稳定。

4.3.2 沼泽

沼泽是指地面较平坦或稍低洼,长期处于过湿状态,或潴滞微弱流动的积水,其上生长喜湿和喜水植物,并有泥炭积累的洼地。沼泽的形成是由于水体沼泽化或陆地沼泽过程的结果。

在河流或湖泊浅水与流速不大的地方,有边缘岸边随水深依次生长露出水面的挺水植物、浮于水面的浮叶植物与沉入水中的沉水植物。当湖中植物不断生长与死亡,残体沉入水中,转变为泥炭层,湖水变浅,湖面缩小。由于沼泽边缘植物不断向湖心发展,最后使整个浅水湖泊或河段变成沼泽。这是水体沼泽化过程。

陆地沼泽化。它常见于森林地和草甸的沼泽化。前者发生于冷湿的寒带和寒温带茂密的针叶林区。由于采伐和火烧之后,地面积水,蒸发量小,导致沼泽类型植物生长,出现沼泽化过程。在草甸地区,由于地势低平、排水不畅,使长期积水,结果导致疏丛草渐被密丛草取代,植物残体在不流通的水环境中分解不充分而转化为泥炭,草甸植被转化为沼泽植被。这种过程被称为草甸沼泽化过程。

在沼泽化过程中,沼泽植物的不充分分解形成的泥炭逐渐增加。由于泥炭中所含的植物可吸收的养分较少,随着泥炭厚度的增加,由于水分、养分的变化亦使其植物类型发生变化。根据变化,学者们以泥炭层薄与厚、营养多与少分出三种沼泽类型:低位沼泽(富营养性沼泽),中位沼泽(中营养性沼泽),高位沼泽(贫营养性沼泽)。沼泽水主要来自降水、融雪水和地下水,其损耗主要是蒸发。

4.4 冰川

4.4.1 冰川的类型

冰川是指在极地与高山固体降水的积雪经历力作用转化成粒雪,再经变质作用形成冰川冰。它能缓慢地自行流动。现代冰川覆盖总面积达 1 622.75 万 km^2,占陆地总面积的 10.9%,总储水量为 2 406.4 万 km^3,约占地表淡水资源的 68.69%。其中 99% 分布在两极地区。现代冰川由于发育条件和演化阶段不同,规模差异很大,类型多种多样。根据形态、规模和发育条件可以分为山岳冰川和大陆冰川。

（一）山岳冰川

它发育于中、低纬的高山地区,山岳冰川与大陆冰川相比,面积小,厚度薄。根据其所在地貌位置有悬冰川、冰斗冰川和山谷冰川。悬冰川是短小的冰舌悬挂在山坡上,面积一般不超过 1 km^2。冰斗冰川是中等山岳冰川,因其源地为漏斗状聚冰盆而得名,面积大者,可达 10 km^2。山谷冰川是规模最大的山岳冰川。它有长长的冰舌沿山谷缓慢移动,像冰冻了的河流。其厚度可达数百米,长度有数公里至数十公里以上。在沿途过程中,可以汇入小的分支冰川。由于高度下降,夏季冰川消融速度超过前进速度,冰舌消融而后退。

冬季没有消融,冰舌会前进。

（二）大陆冰川

它发育在南极大陆和北极的格陵兰岛上。它的面积大,约占现代冰川总覆盖面积的 97%。其厚度达数千米。大陆冰川表面呈凸起的盾状,中间厚、边缘薄。大陆冰川在自身厚重压力作用下,向四周移动不受地形限制。当其边缘达到海洋时,以巨厚的冰块倒入大海,形成冰山,在海面漂浮过程中而融化。

目前,地球上的冰川处于退化阶段,其山岳冰川面积、长度在收缩。大陆冰川有的在向山岳冰川演化。

4.4.2 冰川与地理环境的关系

冰川虽然分布于极地与高山地区,是远离人类活动的地方,但是,与人类的关系却十分密切。在地球上的干旱地区,尽管降雨很少,是荒漠地区,可是高山上的山岳冰川融化的水却形成绿洲。目前,全球变暖会使山岳冰川消退,影响到绿洲消长。大陆冰川的融化速度增加,会使海平面上升,不仅影响到世界上人口最密集、经济最发达的沿海平原,一些海拔很低的岛国还会招致灭顶之灾。

4.5　地下水

地下水是埋藏在地面以下，土壤、岩石空隙中的各种状态的水。它不仅是河流的重要补给水源，还是城乡人民生活用水，工、农业用水的重要来源。由于它含有一些特殊成分，除可提供化工原料，还有医疗作用。

4.5.1　地下水的来源与蓄存条件

地下水主要来自大气的降水，并经过地表下渗，蓄存于地下。地下大多是土壤与松散的沉积物，再往下则是岩石组成的岩层。松散沉积物有很多空隙，透水性很强，液体的水很容易在其中移动。岩层是由各固体物质所组成，其透水性差别很大。例如砂岩、砾岩孔隙大，透水性好；而板岩、页岩等透水性很差，属不透水岩。有的岩石虽然不透水，但其节理和裂隙的存在亦可透水。透水性好的岩层不但有利于水的流动，而且也是好的储水层，可以储蓄大量的水。因此，在大气降水与储水层两个条件配合下，就会为某地区提供大量的地下水资源。

4.5.2　地下水的理化性质

地下水蓄存于地下，由于环境条件不同，其理化性质亦多与大气降水不同。拿温度来说,地下水的温度一般是随深度而增加。与地面相比,夏季低于地面水温度,冬季则高于地面水温度。当地下深度出现地热异常区时,则会提供较高温度的地下水。当地下水与地下岩层发生相互作用而使其含有各种不同的离子、化合物分子时,依照其所含的离子、分子的总量的矿化度大小分为淡水、弱矿化水(微咸水)、中等矿化水(咸水)、强矿化水(盐水)、卤水。在通常条件下,低矿化度的水常常以重碳酸根离子(HCO_3^-)为主要成分;中等矿化度的水以硫酸根离子(SO_4^{2-})为主要成分;而高矿化度的水,则以氯离子(Cl^-)为重要成分。

地下水根据其所含的钙、镁、盐的多少将水的硬度分为五类:极软水(Ca^+、Mg^+ 毫克当量<1.5),软水($1.5-3.0$),弱硬水($3.0-6.0$),硬水($6.0-9.0$),极硬水(>9.0)。使用硬水会使锅炉壁与水管中生成坚硬的水垢。

4.5.3　地下水的类型

根据埋藏条件,地下水可以划分为三类,即上层滞水、潜水与承压水(图 4-2)。

(一)上层滞水

是由大气降水或地表水在下渗途中,遇到局部的碟形不透水层阻挡后,使下渗水聚积其上的地下水。这种地下水埋藏深度不大,其所聚积水量一般不大,其厚度与水量、面积受碟形不透水层条件

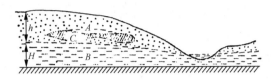

图 4-2　上层滞水与潜水分布示意图

　　A 为上层滞水层,*C* 为碟形不透水层；*B* 为潜水,*H* 潜水厚度,*h* 为潜水面距地面厚度。

而定。上层滞水动态受降水影响较大,具有季节性,只能作暂时小型供水水源。

(二)潜水

　　埋藏在地表以下第一个稳定隔水层之上,具有自由表面的重力水称为潜水。潜水的自由表面称为潜水面。距地面的距离称为潜水埋藏深度。由潜水面至隔水层顶部充满重力水部分为含水层。其含水量变化受气候季节变化较大。潜水面受地面地形影响,但坡度较缓,随坡度形成潜水流。当隔水层发生凹陷时,则形成潜水湖。

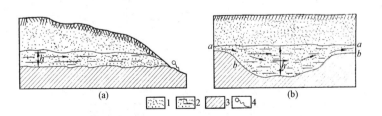

图 4-3　潜水流(a)和潜水湖(b)

1. 砂；2. 含水砂；3. 黏土；4. 泉；*h*. 潜水厚度；*aa*. 潜水面；*bb*. 隔水底板

潜水面一般低于河流河床,故受河水补给。如两岸地势高,河床地势低,则潜水亦会补给河水。

（三）承压水

两个隔水层之间的水称承压水。承压水水头高于隔水顶板而地形条件适宜时,其天然露头或经人工凿井喷出地表的水称自流水。如图4-4所示,补给区是接受大气降水与地表径流的地区。当

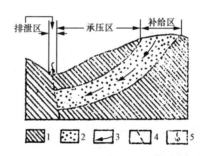

图 4-4a　断块构造形成的承压斜地

1. 隔水层；2. 透水层；3. 地下水流向；4. 导水断层；5. 泉水

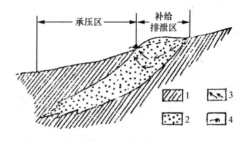

图 4-4b　岩性变化形成的自流斜地

1. 隔水层；2. 透水层；3. 地下水流向；4. 泉水

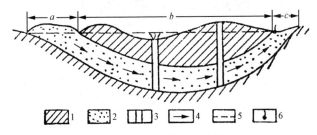

图 4-4c　自流盆地示意图

1. 隔水层；2. 含水层；3. 不自喷的钻孔；4. 地下水流向；5. 测压水位；6. 泉

含水层充满水时,在图 4-4a 中,水就沿含水层的下部断层线上升,借承压力喷出地表,形成一定高度的喷水泉。在图 4-4b 中,由于含水层上方无断裂,承压水大多无出处,只有少量可在补给区的低处以泉流出。如果在承压区凿井,水就可以沿凿井喷出。由此可见,承压水的形成及利用都需要一定的地质构造条件。如图 4-4c,有一个地质构造形成的盆地,盆地的四周,含水层露出地表,接受水分补给。在盆地中心,含水层在盆地深处,而其上为隔水层。在盆地中,打了两钻孔。其中一个钻孔在地表低于测压水位,则地下水就可自喷而出,另一个钻孔在地表高于测压水位,地下水不能自喷,但可以用抽水机抽出供使用。

第5章　植　物　地　理

生物地理学中,分土壤地理学、植物地理学与动物地理学三部分,但植物地理在其中居重要地位。

5.1　植物的生活与环境条件

植物是活的生物,其重要特征是利用光、温度、水和营养物,通过光合作用制造本身生存所需要的物质。因此,光、温度、水和营养物质就成为植物生存的重要环境条件。

5.1.1　光对植物的作用

植物的生存一方面要进行光合作用以制造物质,另一方面要进行呼吸作用,呼吸作用需消耗物质。光合作用要在光照条件下进行,一般光强度增加,光合作用亦增强。没有光,光合作用即停止。光合作用时,植物要吸收二氧化碳,呼吸作用要释放二氧化碳。当光使二氧化碳的吸收与释放相等时称为光补偿点,只有在超过补偿点时,植物才会生长。在长期的演化过程中,各种植物形成的生态生理机制不同,各种植物的补偿点高低不同。补偿点高的植物适应强光环境,耐阴力弱,称为阳性植物。阴性植物适应弱光环境,耐阴力强,其补偿点低。中性植物对光的适应范围较宽,其补偿点介于中间。一般森林高层的树木属阳性植物,如北方油松,而林下及阴暗处的低矮植物多为阴性植物。

另外,在纬度较高处,夏日日照长,而低纬度处,光照因昼夜平分,终年变化小。经研究发现,植物往往其营养生长和繁殖过程都受这种光照长短的影响。适应高纬度长日照的植物为长日照植物,只有在此环境中才能完成生长、开花、落叶、休眠,否则只有生长而不能繁殖。适应低纬度短日照的植物为短日照植物。另外,还有一种需要中等日照才能形成花芽的中等日照植物。起源于北半球高纬度的植物大多为长日照植物。起源于北半球低纬度的植物多为短日照植物。

5.1.2　温度对植物的作用

植物的吸收水分、光合作用和呼吸作用都是许多复杂的物理化学的综合反应,其反应的进行与速度都与一定的温度条件有关。另外,植物的各个发育阶段,如发芽、生长、开花、结实都需要一定的温度,才能正常进行。再有是某种阶段的完成还需要一定的积温才能完成。例如棉花从出苗到现蕾,在当地平均气温为 18.5℃ 时,需 41.5 天,积温 767.75℃（$18.5 \times 41.5 = 767.75$℃）。如果气温平均升至 20℃,就只需 38.5 天,积温到 770℃ 即可。可见,气温升高,日数缩短,而积温能满足要求即可。因此,一地的极端温度(因极端温度往往会导致植物生理活动的破坏、死亡)、平均温度与积温数量和变化对植物的生存影响极大。根据植物对温度的需求可以分出高温植物(热带)、亚高温植物(亚热带)、中温植物(暖温带)、微温植物(温带)、低温植物(寒温带、亚高山、高山)、冰缘植物(高山冰雪带)。

5.1.3 水分对植物的作用

植物的细胞中水是不可缺乏的物质。植物的光合作用、呼吸作用等与生命紧密联系的各种反应都需要水的参与才能正常进行。根据植物所在的水环境情况可分为陆生植物和水生植物。

在陆地上生长的陆生植物又分为变水植物和恒水植物。变水植物没有良好的保护组织,体内的水分完全受外界环境的影响。当环境干燥时,此类植物水分迅速蒸发消失,全株处于风干休眠。一旦获水,又迅速恢复积极生命活动。如地衣,就属此类植物。

恒水植物多数具维管束,有一定调节和保持水分的能力。当严重缺水时才死亡。根据对水的适应可以分为旱生植物、中生植物和湿生植物。

旱生植物因防止干旱的不同而有不同类型。肉质旱生植物,如仙人掌是叶变成刺,枝体肉质化来减少蒸发,储存水分适应干旱。硬叶旱生植物,如地中海地区一些植物,以叶子机械组织或角质层发达使干旱时仍能维持光合作用以适应干旱。微叶或无叶强旱生植物是以减少叶面的蒸腾作用,用极短线状叶子与覆盖有厚角质层的枝条进行光合作用,沙漠中的沙拐枣就属此类植物。湿生植物是生长在潮湿环境中的植物,抗旱力最低,叶片稍失去水分就萎蔫,叶大而薄,根系不发达。介于二者之间的为中生植物。

水生植物是生长在水环境中,有沉于水中的沉水植物,浮于水面的浮水植物,还有下半段固定于水中、上半段挺立水面上的挺水植物。

5.1.4　营养元素与植物关系

有些植物在生理上需要某种化学物质,从而形成某种植物遂适宜生长在该环境中。如土壤中富于钙、盐碱、铝或某些金属元素,需要这类化学物质的植物往往对这些化学物质起着指示作用。

5.2　植物群落的基本特征

植物群落的基本特征有种类组成、空间结构与演替过程。

5.2.1　种类组成

一地的植物群落由各种植物组成。一般是热带雨林的群落种类相当复杂,寒带植物,如针叶的泰加林,尽管乔木比较单一,但林中其他植物的种类则是多样的。从植物的外貌形象来说,则有以乔木组成的森林,以草本植物组成的草原,以草本植物及小灌木组成的荒漠。按植物种类来说,其乔木、草本植物和灌木里面亦包含着不同种类。

按其作用来说,各种植物在群落中的地位,即其作用,亦是不同的。以森林为例,乔木起重要作用,但乔木中有高,有矮。一般说,高大的乔木,数量多的树种起着主导作用。从整体来说,除乔木外,森林中往往还有灌木和草,甚至还有匍匐在地面的地衣、苔藓等植物。因此,植物群落的植物种类是多种多样的,所以形成不同外貌形象与内部结构。

5.2.2 空间结构

群落中各种植物在其内各占有一定的生存空间,并按乔木、灌木、草本植物的生活型构成了植物群落的垂直的和水平的结构,并将空旷的原有环境变为特殊的群落内部环境(植物环境)。空间结构有垂直结构、水平结构与季相结构。

垂直结构在复杂的森林中有乔木层、灌木层、草本层与地被层。乔木层在森林中位于最上层。在热带雨林中,由于水热条件好,种类复杂、乔木高低差别大,可以分两三个亚层。乔木层除乔木外,还有藤本植物、攀缘植物、附生、寄生植物。在草原中,主要是草本植物。虽然有零星分布的乔木或灌木,但比较分散,形不成层。

在森林中,最上层乔木可以接受充足阳光,其下的各层植物阳光强度很快下降,因此,乔木层以下各层植物稀疏,甚至有的林下除耐阴的地衣、苔藓外,没有草本与藤本植物。在温度上,乔木层在最上,昼夜温差大,林内温度变化小。空气的湿度,一般亦大于群落外。因此,群落内的环境条件与群落外的环境有明显差异。

水平结构是指各层植物或各种植物在水平空间的分布特点。一般来说,各群落的最上一层的种类必然在该层中数量最多,占的空间最大。其他种类的数量与所占空间不但不居重要地位,而且水平空间的结构多比较分散,或局部集中、整体分散。因其他种类的水平不但与其生理生态特点有关,而且也与其所在群落中的局部环境有关。

季相结构是指一群落在季节上的变化。对森林群落中的落叶树种来说,因其发芽与落叶时间不同,有落叶与有叶时的不同外貌,有叶时有不同色彩(因树叶的变色)时的外貌。对于草原的草本植物来说,其不但有枝株的高低之分,还有花序的不同与花的色彩变化不同,形成群落中重要种类不同开花期的时间上迅速演变的现象。对于这种季相上的变化使草本植物尽管在垂直结构上比森林群落显得单调,但在时间上的外貌演变却可以弥补其空间上的不足。

5.2.3　演替过程

演替是指在某个地段上,一个植物群落被另一个群落所代替的过程。例如一片森林,有时因人类为获取木材而采伐,或因森林火灾而焚毁,原来乔木或整个地面上的植物全部消失。这时,原群落内仍保留原有植物的根系、残茎、种子,也可能有从周围地区传播来的种子,在原群落地面上,又开始生长出新的植物。新的植物,开始时,可能以草本植物为主,它们迅速覆盖了原地面。接着生长了小树与灌木。杂乱无章、郁郁葱葱的状态,随着小树与灌丛的长大,草本植物数量、密度逐渐减少。不过最初长的乔木并不属于原来群落的主要树种。后来,原来树种出现,慢慢取代最初的树种,森林遂又恢复原森林外貌与结构。这种群落的恢复过程就是演替过程。一地的原群落由于长期在当地的环境下,使群落与内部的植物之间,与外部的环境之间已形成一种稳定的密切联系。这种群落在植物地理学上被称为顶极群落。当所在环境没有发生变化,而群落内部也没有因种群方面演化而发生变化,群落就是稳定的。所以,当因人为或自然灾害而受到破坏时,该群落就会经过一定的阶段演变与相应的时间后仍恢复其原状。例如,我们在寒温带的针叶林群落于秋季时可以看到五彩缤纷的桦杨变色树叶的美景,吸引大量游客。其实,这些桦杨树多是云杉针叶树破坏后的群落演替过程中一个阶段性的产物,是较短暂的现象。当云杉小树长大,需强日光的阳性植物——桦杨因受遮阴,就会被排挤出群落。

5.3　世界植被的主要类型

5.3.1　热带雨林

热带雨林位于南美与非洲的赤道及其附近地区。这里气候高温多雨。全年温度高而温差小,年平均在 20—28℃之间。年降水量最少为 2 000 mm,多的可达 4 000—6 000 mm,甚至更高。土壤因水热条件、基性离子和硅酸淋失，土壤为含铁、铝多的红色酸性土壤。

热带雨林是地球上种类成分最丰富的植被类型。在南美拥有植物物种达 4.5 万。整个热带雨林占世界全部物种的一半。在群落结构上，较为复杂，有乔木、灌木、草本三层。乔木以高低又分为三个亚层。在生活型方面，高大乔木不但根部有板状根，而且在木质茎上开花。藤本、附生、寄生植物很多。由于全年高温多雨，没有集中换叶期，故缺乏季相。由于木材的砍伐、耕地的扩大，热带雨林面积收缩在加快。因此，热带雨林的保护引起世界高度关注。

5.3.2　季雨林

季雨林又称季节林，它分布在热带有周期性干湿季节交替的热带季风气候区。这里有明显的旱季，与雨林相比降雨少、温差大。由于有少雨的旱季，植物有落叶现象。植被在种类成分、结构、高度上亦都不如雨林。其植物不仅落叶后很快就萌生新叶，有的甚至是落叶与长新叶同时进行。这与温带落叶后有相当一段时间才长新叶不同。季雨林开花现象有明显季节性。林中的藤本、附生植物很少。季雨林多分布在热带雨林的外围。我国的海南岛西部亦有此类植被。

5.3.3　稀树草原

稀树草原，按译音亦称萨王纳群落（savanna）。该类植被是指热带夏雨型气候条件下,从热带森林到热带荒漠之间广大地区的植被总称。其中包括疏林、疏树草原与矮乔灌木等类型。年降雨量在250—2 000 mm之间波动,集中于夏季,干季明显且较长。由于降雨量少,加上高温蒸发量大,草本植物与灌木较多,乔木多为孤立独木或疏丛。乔木叶小而枝干皮厚、多刺。有的树有粗大树干,其贮水组织发达,有的树树枝很少,而顶部呈水平状。这些都是为保存水分、减少蒸发而形成的。这类植被只在我国云南南部一些干热河谷地区出现。

5.3.4 红树林

这是一种分布于热带淤泥海滩上盐生常绿木植物群落。因该树枝干含丹宁为红色而称红树。这种树木耐盐,故生于海滩,其枝株密集,对防止海潮与海浪对海岸的侵蚀起很大作用。因其挺立于水上,种子在母体上发芽,长到13—30厘米时,脱离母体,下落插入淤泥中生长。植物学称这种繁殖方式为胎生。另外,由于根部在水中淤泥,通气条件不好,这种植物遂使根部一部分突出地面以上,便于通气,形成通气根。我国海南岛与广州一些沿海滩地上有此类植被。

5.3.5 常绿阔叶林

常绿阔叶林属亚热带湿润气候。夏季炎热而潮湿,冬季稍为干寒,春秋温和。年降雨量在1 000 mm以上。群落外貌终年常绿。

群落结构分乔木层、灌木层与草本层。与雨林比,没板根、茎花及附生、藤本等雨林特征。乔木层的树种亦比雨林少得多。这种植被类型在我国东南沿海的福建、广东、广西一带较为多见。

5.3.6 常绿硬叶林

常绿硬叶林是在地中海气候下发育的一种植被类型。地中海气候特点是夏季炎热干燥,冬季温和多雨。全年温度没有严寒,夏季干燥亦不是绝对无雨,故使植物常绿,由于夏季的干燥则发育成硬叶以适应干旱。植被虽然为乔木位于上层,为阳性,植株并不高大,叶小,林木不太密集。林下灌木层十分发育,较密集,草本层植物稀疏,为旱生型,夏季呈休眠状态。这种植被在地中海地区面积大。其余零星分布于北美加州及非洲和澳洲的西南角。我国无此气候类型,因此,亦无此类型植被。

5.3.7 夏绿阔叶林

夏绿阔叶林是温带湿润半湿润气候中的典型植被。这里气候最热月平均温度为 13—23℃,最冷月平均温度在 0℃ 以下,最低可达 −12℃。年降水量大约为 500—700 mm,且大多降于夏季。夏季是高温多雨并存,为植被的生长提供优越条件,而冬季的寒冷少雨则为植被的生长产生一种限制。因此,夏绿阔叶、冬眠落叶的生态特点是对该地气候的最好适应。乔木层由于落叶,故其各季的季相变化鲜明,特别是秋季,落叶前,一些树种的叶子色彩鲜明,为一特色。林下灌木层、草本层发育,往往在林木层生叶郁闭前,灌木层与草本层一些植物早春集中开花,色彩缤纷为其第二特色。到乔木层树冠郁闭时,林下光照弱,遂出现些耐阴的草本,为其第三特点。在夏绿阔叶林中还夹有些温性的针叶树种。这种类型的植被在温带大陆东西两岸分布较广。东岸为季风影响,冬季干燥,西岸受西风影响,冬季比东岸湿润。因此,西岸林下层较密,发育良好。

5.3.8 北方针叶林

北方针叶林广泛分布于高纬度地区,从欧亚大陆的北部,一直延伸到北美洲的阿拉斯加与加拿大北部,可以说是环北半球极圈以外的欧、亚、北美三大陆,是唯一一个横穿全球的植被类型。南半球因高纬度缺乏陆地,故无此类型植被。一般说来,这里气候夏季温和,冬季十分严寒。最暖月平均温度虽在 10℃ 以上,但不超过20℃。最冷月平均温度在 -10——20℃,甚至可达 -52℃。年降水量为 300—600 mm。总之,这里受气候限制生长季短,光合作用活动弱,这为生长活动缓慢而耐寒的针叶树提供条件。在树种上有常绿的松、云杉、冷杉,还有落叶的落叶松。前者因树冠密集常绿,林中光照弱,称为暗针叶松,后者叶细、落叶,林中光照强,称为明亮针叶林。

在暗针叶林中,由于光照太弱,缺乏林下层,草本植物稀疏,只有些耐阴植物与苔藓植物。在落叶松林中,情况要好些。乔木层树种简单,多为单一种的纯林。高纬度地区,由于靠近极圈,环境严酷,乔木渐矮,林木变稀,逐步向苔原地区过渡。这里气候严寒,人口稀少,大片森林仍保持原状。我国大兴安岭北部地区属北方针叶林,但由于土壤中冻土发育,故形成根系浅的落叶松林。在此类型植被的南部,与夏绿阔叶林接触地区往往形成针阔混交林。其中针叶树种往往松树占主要地位。

5.3.9 草原

草原是温带夏绿旱生性多年生草本植物为主组成的植被类型。这里年均温为 -3—9℃,属于温带,但年降雨量比寒带北方针叶林地区还少,只有 150—500 mm。正是因为降雨少、蒸发量大,林木难以生存,而形成夏绿冬季地面植株死亡的多年生草本组成的植被。这里植物在种类上是以禾本科和莎草科占优势,多成丛,茎细而高,叶窄而长,具很强的耐旱性。冬季地上植株枯死,但地下根仍活着,第二年春季再萌发新植株。此外,还有些灌木与各种其他草类。灌木随所在地区降雨减少而植株变矮。有些草属中性,为一年生植物,多雨年则数量很多、少雨年则稀疏。

草原虽然只有草本层,看起来结构显得单调。但是各种植物为充分利用时间不长的生长季,其生长、开花时期往往错开,使草原上不同时期有不同植物处于开花期,遂给草原带来一层层波浪似的多彩鲜艳的季相。禾本科的草茎与叶细长,顶上有小穗与芒,在阳光下会闪闪发光,风吹时摆动,会出现"风吹草低见牛羊"的动人景色。可以说,森林多样性是由树木组成与空间结构上来体现的,而草原的多样性则是在时间的季相变化的结构上体现出来的。

草原对人类的贡献,一是提供了培育成粮食作物的野生种;二是提供了驯化为生产肉和奶的家畜原始种;三是提供了将草原转化成人为的农田和牧场的土地。正是这种作用,使草原面积大大缩小,其原始面貌也难以寻觅。

5.3.10 荒漠

在世界的亚热带和温带的大陆内部,年降雨量极其稀少,一般不超过 250—300 mm,低的只有 50 mm;另一方面,日照特别强,使蒸发量达到年降水量的 15—20 倍,形成极端干燥的大陆性气候,年温差与日温差十分显著。正是这种严酷的气候条件,出现可以忍受长期干旱的强旱生植物以及能够适应干旱的短生植物组成的植被——荒漠。这里植被覆盖只有 20％—30％,生活型小,有小灌木、半灌木、多年生草本、一年生草本与短生草本植物。叶小或为针状的植物,地下根系十分发达,目的在于减少蒸发、避免干旱与增加水分的吸收。在地下深层能有少量供水的地方,则灌木和半灌木较为发达,形成灌木荒漠或肉质旱生植物的荒漠。在降水十分稀少,而有季节性集中的情况时,往往会出现在十几二十天内就会完成其生命周期的短生植物组成的短生植物荒漠。在它生长出一片片绿色叶片开出艳丽的花朵时,谁也不会相信这里在绝大多数日子里是不见寸草的荒漠。其余的就由强旱生草本植物组成草本植物荒漠。

在土壤含盐碱的地方,则出现各种耐盐碱的植物组成的盐生植物荒漠。在流动的沙丘和砾石组成的戈壁,由于极度干旱与沙子的流动,往往多是裸露的地面,极少植物。

在荒漠的边缘,与草原相接触,生长条件稍好,此过渡地区,则形成荒漠化草原。当这里遭破坏,植被就会转变为荒漠。植物稍多的荒漠遭破坏时,就会向地面裸露的荒漠演变。今天,世界上荒漠的面积约占 15%,可是荒漠化面积还在扩大,防止荒漠加重与荒漠化是一项重要的世界性任务。

5.3.11 苔原

在北方针叶林以北,气候极端严寒,接近冰川的地区出现一种以草本植物、苔藓和地衣占优势的植被,其间有的地方还有些矮小紧贴地面的垫形小灌木。这种植被称为苔原。苔原只分布于欧亚大陆的北部。这里南部 7 月平均温度为 10—14℃,越向北则温度越低。冬季最低温可达 −55℃。年降水量为 200—300 mm,大多降在夏季。由于夏季短促,日照长而寒冷,对植物生长极其不利,不仅生长季短,且生长也十分缓慢。冬季风速大,且夜长,土壤长期冰冻,形成生理性干旱。

在这种情况下,因生长期短,生长缓慢,使植物难以完成开花、受精、结籽的正常周期,故多为多年生植物,极少一年生,靠营养芽繁殖。另外,植株多矮小,灌木匍匐状贴地面形成垫形植物,这类植物具有抗风、防蒸发与保温的功能。植物体在地面相对少,而在地下则较大,这样有利于营养的贮藏。日照长则生长日照植物。在地面上,成丛的植物多借助地形、地物以防风,形成镶嵌状结构。

我国虽然不在近北极地区,但是青藏高原,因地势高、降雨少、气温低、风力大,在西藏北部的藏北高原——"羌塘"(藏语"北方高平地")的植被就属于苔原植被。

世界主要植被类型如图 5-1 所示。

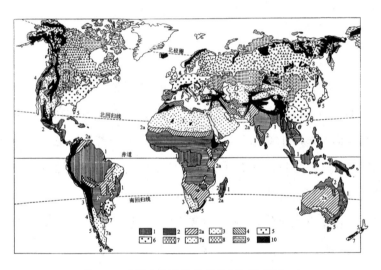

图 5-1 世界主要植被类型图(据 H. Walter)

1. 热带常绿雨林;2. 热带半常绿及落叶林;2a. 热带亚热带的干旱林、萨王纳、具刺灌丛和部分的禾草群落;3. 热带、亚热带荒漠、半荒漠;4. 冬雨硬叶林(包括具冬雨的干燥区);5. 亚热带常绿阔叶林;6. 温带夏绿林;7. 温带草原(steppe, prairie, pampas);7a. 温带半荒漠、荒漠;8. 北半球的北方针叶林;9. 北半球的北极苔原;10. 各带的山地植被

第6章 农业地理

农业在各国经济活动中的地位,与工业活动和服务业相比,虽越来越下降,但是由于其关系到人们的食物生产与供应,仍然受到各国的重视。农业的出现和发展与地理环境有着紧密的关系,因此地理学包括农业地理学。

6.1 农业的起源

人类最早是以采集与狩猎为生。采集主要是采集植物上的可食部分,狩猎是捕捉陆上与水中的可食的动物。这时的采集与狩猎都以野生的动植物为对象。因为那时采集与狩猎到的食物都是随采捕随食用,不能储存,所以人类就不断地随植物的分布与动物的流动而迁移,甚至还要忍受短期的缺食饥饿。

人类今天的食物主要是由农业提供的粮食,如稻米和小麦,都是草本植物的种子。这些种子都是成熟后才能供食用。这种情况与原始的采集活动后直接食用完全不同。因此,从采集活动转向农业是一个复杂过程,至今人类还没有完全弄清楚,有待深入研究。

6.1.1 索尔对农业起源的推论

关于农业的起源问题有各种解说,其中美国人文地理学家索尔对农业驯化最早出现的地区与过程在其《农业的起源与传播》中所作的分析与推论,引起很多人的注意。

索尔对最先发生驯化的区域和最先从事驯化的人群作出推论的依据如下:

1. 植物驯化不可能发生在食物不足的地区。受饥饿威胁的居民,没有闲暇去进行那种导致在遥远将来获得更多植物的试验。

2. 驯化中心必然位于一个动、植物种类繁多的地区,"那里有大量遗传因子可供选择与杂交",这就意味着要有多样化的地形和气候。

3. 驯化不可能首先出现在大河的河谷内,因为那里需要先进的治水工程。

4. 耕种不能不在林地中开始,因为原始人在那里"能够容易地由于树木枯死而取得用于栽培的空地",他没有能力去打破草地上的表层草土。

5. 最早的农民必须已经掌握使之倾向于耕种的技能。索尔认为狩猎者不可能是这些人,但"林居"的使用斧头者,必然是驯化者的祖先。

6. 最后,也是最重要的一点:原始的驯化者应该是定居的,因为"人的食物也是兽类喜欢吃的";如果人类不在那里经常照管生长中的作物,就不会有什么收获。

根据这些必要的条件,索尔推论,植物驯化的最初中心在东南亚。他们是中石器时代居于溪水旁以捕鱼为主的人。由于水中的鱼类比较丰富,食物供应较为稳定,故人得以成为定居者。这里,地形起伏,山地高度、坡向使生态环境多样化,有多种具有食用价值的植物。这里的环境条件就为那些具有无性繁殖的食用植物提供被人类选择进行驯化的机会。这种繁殖植物的原始农业技术遂由此地向外传播。特别是沿喜马拉雅山南麓向西北传播,为谷物栽培农业的出现创造条件。

6.1.2　中东农业起源的考古证据

根据考古的研究,当最后冰期消失后,冰川向北后退。冰川以南的草原地带也随之向北扩展。由于气候的变暖,树木也就随之侵入草原。这时,留在草原上的食草动物,一方面因为树木侵入,草原面积在收缩,影响到食草动物数量的维持;另一方面,人类的人口增长,狩猎技术的进步,捕杀的增长亦导致食草动物数量显著下降。这种情况使狩猎人群维持其食物供应形势变得十分严峻。

这时西亚两河流域的肥沃新月地区被认为是动、植物的一个驯化地,在这里已发现的考古证据,包括使用的工具、固定的住所以及最早时期驯化的动、植物的一些物证。在冰川向北消退,气候过于干燥,野生食物短缺,原来的狩猎的人群被迫离开平原河谷地区,向边缘山麓地带转移。在那里,由于山地的气温下降、降雨较多,植物较丰富,可以寻找可食的植物性食物,特别是那些植物营养体和果实,而其中一些适合食用的草籽,被驯化成重要的世界性的谷物作物。

在中东地区,由于地形的起伏,有山地和高原、河谷与平原。在气候上属夏季干热、冬季降雨的地中海气候。由于地形和气候各地的变化形成不同的地带,各地带不但生物组成不同,其季节变化亦有差异。这也影响到人类狩猎对象的动物季节迁移。冬季它们由山地转向平原,夏季又会使它们返回山地。这就使狩猎活动的人群为追逐动物而形成季节移动。在移动过程中,穿越各地带,也遇到不同的可食物。例如在低处会碰到橡子、杏;往上则有阿月浑子;在更高处,则有苹果等一些果实。另随着地形上升,野生谷类的种子成熟期亦随高度而推迟。在冬季平原草场与夏季高原草原之间山坡森林亦因上升种类变化而有不同的动物。总之,随人群狩猎迁移而经历不同地带、不同动植物组合、不同食物供应。

中东地区地处高处,受冬季降雨影响,有野生的谷物——大麦和小麦,其籽实多、颗粒大。在土耳其的高原南部与地中海东岸山地,这类野生谷物成片生长。这对原来过多依靠大型食草动物为食的狩猎人群来说,当其狩猎动物种群数量下降时,就有了一个新的食物来源。这些野生谷物有三周的成熟期,一个人用石质镰刀收割麦穗,每小时可以获得约一公斤麦籽。这说明,一个熟练的采集者在三周成熟期可收割约二百公斤野生麦籽。这对一个家庭来说可占其一年食物供给中的相当比例。但是，要使这些野生谷物变成食物供应，还需要储存工具防止损坏，加工工具脱去外壳，制作工具变成熟食。这些工具是狩猎活动不需要的，却是从事采集种子活动所必需的。这些工具是为专门功能所用，往往笨重难以随身携带进行狩猎；随着收割野生谷物籽实由采集转向驯化栽培谷物，同时由于定居，固定聚落开始出现。这使人类进入到农业社会。

在约旦河谷的一个有 12 000 年历史的遗址中，就发现当时靠谷物籽实为生的人们建有石砌地基的圆形房屋，有用胶泥涂抹的储藏坑，有燧石制的镰刀，刀身留有切割野生谷物茎秆而形成的明显光泽。在叙利亚、两河上游、伊朗西部山地，都发现有公元前 10 000 年至公元前 8 000 年之间，原始人割谷物、烤谷物、储存谷物等活动的相关证据，甚至还留有小麦和大麦的原始谷物。

人工驯化的谷物，形成了一些生物学上与野生种不同的特性。麦类在野生状态下，花序轴脆弱，成熟时就自动断裂，使其上的种子坠落在地上，这有利于种子的萌发，使两年生的野生麦类群落延续下去，别的物种难以侵入。但种子坠落地上，收获者要一粒粒地拣拾起来却是十分困难的。在驯化过程中，经过遗传突变及人工选择，出现了花序轴坚硬的麦类驯化种，成熟后，花序轴不断裂，种子留在植株上，这对收获者大为有利，可以全部予以收获。此外，驯化种还出现种子能与其内稃和外稃的鳞片相脱离，并比野生的颗粒大。这些生物学上的特性，经人工选择而逐渐加强，使其有利于人类的收获、加工和高产的需求。

考古资料证明,在中东地区,植物的驯化大体与动物的驯化是同时进行的。人们曾认为,动物驯化可能与狩猎活动中同时也捕到与母畜在一起的幼畜,使暂时保留下的幼畜被驯化,所以动物驯化早于植物驯化。但是,在狩猎活动中,流动的人群是难以有机会去进行动物驯化的。经研究,中东植物驯化地区,也是动物野生种的驯化分布区,所驯化的植物又是这些动物野生种的天然食品。当人们驯化这种植物时,为保持收获需要防止这些野生动物偷食和践踏。特别是在驯化过程中,这些驯化中的植物不仅长得苗壮,茎叶茂盛,而且籽粒肥大。这对那些食此植物的野生动物来说,会被吸引到这些人工保护下的野谷生长地,钻进护栏中。或者,跑到收割籽实后的土地上去享受留下的残梗剩叶与散落的籽粒。这就为人类便于捕捉这类动物及实行栏养提供可能性。早期栏养的绵羊和山羊不仅能适应这种饲养条件,并且能繁育后代,成为驯化动物,为人类提供肉食、毛皮和奶制品。从另一方面说,正是人类的驯化与繁育使这些易于捕杀的野生动物得到保护而留存下来,为其后摆脱农业变为独立的游牧业的出现创造了条件。

6.2 农业的出现与人类文明

农业出现,是依靠驯化了的植物提供的籽实为食。这种根本性变化的结果,首先是定居与温饱。只要有足够收成与储备就可保持一年免于饥饿，也就可以就地取食，不用到处去寻求食物来源，定居就成为人类新的生活方式。

其次是制造工具。谷物坚硬难以生吃，只有加工成熟食才能供食用。因此，人类创造出石镰以收割谷穗；制造出磨盘、磨杆进行脱粒、去壳；再烧制出陶器煮熟食用。正是食物供应均衡免去半饥半饱，加上煮熟加工便于消化吸收，使婴儿成活率大增，人的身体健壮，寿命延长，从而人口增长加快。另外，定居下来后，人类要建造房屋以避风雨。加上服装的出现，使人类的生活条件大有改善。

再次是生产的分工。由于农业需要种植、牲畜需要放牧，首先出现农、牧的分化。其后，由于农业生产效率的提高以及生产、生活用品需求的增加，定居者开始从专一农业生产劳动中转移部分劳动力到陶器烧制、农具制造、服装制作等手工业。

最后是社会的分化与文明的出现。生产的分工和财富增长，私有制亦随之出现，社会的地位在人群出现分异。这时，原始公社母系氏族制为父权制所取代。部落之间为争夺资源与保护财富，战争遂产生。其后，部落就出现国家、城市、青铜器和文字，再加上宗教、法律、政治等文化发展，人类遂进入了文明。

代表世界最早的文明古国，在东半球有埃及、巴比伦、印度和中国，在西半球有墨西哥、玛雅和印加。值得注意的是这些文明中，虽然都是建立在农业发展的基础上，但是所依靠的作物种类是不同的。埃及、巴比伦、印度文明是以小麦作物为基础，中国的文明是以北方的黍、稷和南方的水稻为基础,而墨西哥、玛雅和印加文明是以玉米和土豆为基础。

6.3 农业的发展阶段与类型

从农业的发展来说,可以分为原始农业、传统农业和现代农业三个阶段,在各阶段亦包括不同的类型(图 6-1)。

6.3.1 原始农业阶段

原始农业即所说的"刀耕火种"的农业,因为其要不断转移到新的地点,而停留时间比较短,所以亦称为迁移农业。这是农业最原始的生产方式,在古代分布的范围比较广泛,现在则只限于一些热带雨林的丛林中。

在热带地区,高温多雨,为植物的生长发育提供了优越的条件。在这种环境里,植物生长快,除光照、水分、温度外,植物还需要大量的营养物质才能维持其快速生长。这些营养物质来源有两方面:一是由各种植物体经腐烂分解提供的有机营养物;另一是土壤经风化而溶于水中的各种无机营养物。

正是上述这种情况才为森林群落的快速生长创造了条件。另外,谷物要获得良好生长,还需要有充足的阳光。为此,"刀耕火种"一把火,烧了森林,方法简单、效率高,既提供了阳光,又提供了养分,所以"刀耕火种"是最佳选择。

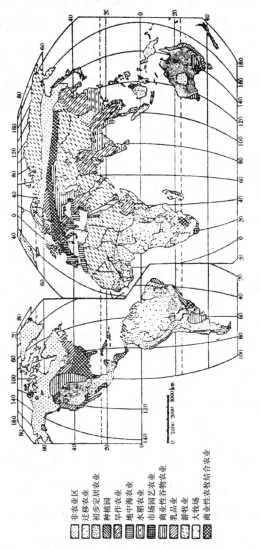

图 6-1 世界农业类型

非农业区
迁移农业
初步定居农业
种植园
旱作农业
地中海农业
水稻农业
市场园艺农业
商业性谷物农业
乳品业
游牧业
大牧场
商业性农牧结合农业

但是,"刀耕火种"后的人工作物群落郁闭度较差,降雨可以直接冲击地面,造成严重土壤侵蚀,很多养分还没有来得及被作物吸收,就流失掉了。结果,"刀耕火种"后的作物,生长两三年后,土壤养分就流失殆尽,无法生长。土地只好废弃,另辟"刀耕火种"之地。废弃土地经二三十年后,又成为茂密森林。如果有充足的后备土地供轮流"刀耕火种",虽局部有破坏,但整个仍无大变化,维持原生态系统,刀耕火种可继续下去。但人口增加,轮流加快,废弃地还未充分恢复,又遭破坏,就会导致原生态系统的退化。可见,"火耕刀种"有个度。在原始时期,人口少,土地多,多能维持这个度,而今天因人口增长,超过这个度,遂产生严重的生态问题。

6.3.2 传统农业阶段

(一) 传统农业的基本特征

传统农业是传统社会的农业。原始农业是依靠植物的灰分、土壤的肥力以及迁移休闲恢复地力办法进行耕作。随着农业工具改进,技术提高,经验积累,使休闲期缩短,最后,不再休闲,进行连续耕作。

传统农业最重要的特点是一种生计农业。农业生产是为自己的生存而进行劳作。其产品除自家消费外,剩余则拿到市场上去进行交换以获得农具、衣服及其他生活用品。全家不分男女都参加相应的劳动。农业活动全靠体力以及一些畜力。除种植谷物外,有的地方还种些经济作物,进行些家庭手工业以补助家庭的开支。其生产技术靠经验积累,生产方式稳定,提高较为缓慢。

由于传统农业是手工劳动,工具落后,资金、技术含量少,生产水平低,除维持劳动者的生存外,剩余少、积累慢,风调雨顺时可以供温饱、稍有剩余,遇灾害减产就会出现饥荒,甚至出现人口外逃。如果连续遭灾,加上疾病流行、战争的蔓延就会带来人口大减与社会的大乱。所以,传统农业是抗击灾害比较弱的、经济不稳定。

在传统农业的社会里,劳动力生产力低,从事农业劳动的人数占人口中的绝大部分。从事二、三产业人口比例比较低。全社会的人口,绝大多数住在农村。因此,传统农业社会是自给自足的经济占优势,商品经济不发达。

(二)传统农业的类型

传统农业有旱作农业、水稻农业、地中海农业与游牧业四种类型:

1. 旱作农业。旱作农业主要分布于温带大陆东岸及副热带干旱的山地和高原。

该类型的农作物中,小麦占重要地位,其次是谷子、高粱、玉米、大麦、大豆、甘薯、土豆等。小麦是秋种,次年春末收。到寒温带因冬季寒冷,转为春种小麦,夏季收获。经济作物中有棉花、花生、烟草、亚麻、甜菜和杂豆。家畜有牛、马、驴、骡,主要用于劳役。肉食用的有猪和羊。家禽中主要是养鸡。作物主要靠天然降水,降水与季节分布不稳定,影响收成,严重的引发灾害,经济有较大波动。在条件合适地区,往往利用地面水与地下水进行灌溉,对产量的提高、生产的稳定起重要作用。在山区,为防止水土流失,多采用梯田。

2. 水稻农业。水稻是热带和副热带地区重要的农作物,它喜高温潮湿。经过改良,它也可以扩大到暖温带和温带水源充足地区。由于其生长需要大量的水,所以,其种植地区属降水或供水较丰富的地区。其分布主要集中在中国南方,东南亚、南亚的河流两岸的平原与沿江、河地区。

水稻生长除需充足水分与高温外,还需平整的土地,方便的排灌设施。水稻种植与其他作物的不同是先在秧田育秧,出苗到一定高度再移栽到整理好的水田里。这种办法不仅刺激秧苗的生长势头,而且其生长郁闭使其下的杂草无法生长,水稻能充分利用养分与水分获得高产。水稻生产中排灌、除草、灭虫、施肥、收割都在水田中弯腰劳动,所以水稻农业是一种强劳动而且劳累的农业。可是水稻又是各种农作物中的高产作物,可以提供较多粮食。温度条件好的地区,一年可种两次水稻,个别地区,甚至一年可种三次。因此,水稻农业地区产粮多,也是人口最密的地区。

水稻地区还有蚕桑、茶叶、甘蔗等经济作物,也是水果种类较多、产量较高的地区。这里降水多,池塘也多,既可养鸭、鹅、鱼,又可种菱、荸荠等水生作物。这里的役畜是一种喜水的水牛。

由于水田要绝对平整,沿丘陵上升,层层水田,沿等高线婉转形成特殊的景观。因水稻的人手劳动现在已多使用机器,除草劳动已被除草剂取代,有的地方水稻的秧苗移栽已改直播,使水稻农业已有很大变化。

3．地中海农业。地中海农业是在地中海这一特殊气候条件下形成的一种农业类型。地中海气候，夏季干热，冬季多雨而不太冷。

这里的农作物主要是小麦、大麦。为适应冬雨，小麦秋天播种，第二年春末夏初收获。此外，这里还有玉米和水稻，这需要水的灌溉。在经济作物中突出的是葡萄和油橄榄。葡萄在地中海沿岸，特别是西北部，是酿酒的重要原料。油橄榄用于食用植物油。酒与油为地中海的农业特产。家畜中有山羊、绵羊与猪。羊出在牧区，猪在农区。羊夏季多放牧于丘陵高处，冬则牧于平原。粮食、酒、油与无花果，加上牧业的肉、皮、毛及葡萄、油橄榄是地中海三位一体农业的特点。到近代，果品、花卉、蔬菜及奶制品地位有所提高。

4．游牧业。游牧业是一种在干旱地区以放牧食草动物为生的一种农业类型。它分布于副热带和温带半干旱与极其干旱的草原和荒漠地区。那里的地面植被多是些草本植物和矮灌木。

干旱地区的牧民多以帐篷为住所，随牲畜逐水草而居。夏则往高处牧场，冬则回低处牧场过冬。目前，真正的完全游动性的帐篷，逐水草而生的牧业除非洲尚有些外，其他地区多已改为定居，现只有放牧人随牲畜流动，而家人大多居住于固定的建筑中。

游牧人牧养的牧畜各地不同，有羊、马、牛、骆驼等。从适应性来说，骆驼最强，不仅能食粗饲，可以在体内储水、储食，可以多日不吃不饮，而且蹄大而软易于沙地行走，故易于荒漠地区驮物而行。在羊中，山羊优于绵羊，可以长途行走，啃食很低矮的草。马过去用于拉车和军事坐骑,近来军事机械化发展,马的用途大减而在牧业中地位也大大下降。为了肉食和奶,牛已大多栏饲。

在过去,牧民的产品为肉、皮、毛,比较单一,粮食、衣着、很多工具与日常用品,甚至茶叶亦多依靠农区供应。由于牧民在经济生活中很多产品依赖农区,彼此易发生冲突。但牧区人口虽然少,可是其精于骑术,习惯流动,在军事上则强于农区,往往占据农区,形成跨广大地域的大帝国。由于其不熟悉农区情况,管理上落后,加上民族心理及文化差异,其统治往往难以持久。目前,因农业技术的改善与扩大,牧区在缩小,加上牧民的定居,生活方式与农区在日益趋同,原来的牧区生活亦难以寻觅。

6.3.3 现代农业

（一）现代农业的特点

现代农业与传统农业的根本差异是其产品不是以自身的消费为目的,而是作为商品进入市场,以经营者获得利润为目的。所以,现代农业亦称为商品农业。

现代农业是工业社会科学和技术迅速发展的产物。它主要分布于发达的国家和地区。在发展中国家和地区,由于市场经济的发展,传统农业在向现代农业转变。现代农业其主要特征如下:

1. 现代农业的产品提供给非农业人口消费。

2. 现代农业的农场多以机械和现代科技成果进行生产活动,从业人员仅占其所在国家和地区的极少数。

3. 现代农业的农场效率比较高,尽管有家庭农场的存在,但与传统农业农户相比,其规模大得多。

4. 现代农业不但是高度的专业化生产,而且将其产品的生产、运输、加工、销售等各个环节联成一体。同时,在地域上将同一产品或相关产品的生产农场组合起来形成联合企业以提高效益。

(二) 现代农业的类型

现代农业的类型有:种植园农业、谷物农业、牲畜育肥农业、乳品业、市场园艺农业和大牧场六种。

1. 种植园农业。种植园是葡萄牙人在新航路发现后,由于将东方的香料运到欧洲而大获其利所激起。其后,葡人把甘蔗移种在离欧洲市场很近的加那利群岛上。他们利用非洲黑人建立专门生产甘蔗的农场。这就是专门生产某一种经济作物的商业农业的开始。不过这时的种植园没有机械、化肥,只是靠大量的劳力,实行集约式生产,仍带有传统农业的特点。

这种新型的农业很快传播到加勒比海诸岛、美国东南部及其他一些沿海地区。其栽种的作物,在饮料方面,有咖啡、可可和茶;在果品方面,有香蕉、菠萝、芒果、荔枝;在原料方面,有橡胶、油棕、剑麻、烟草、黄麻;在香料方面,有胡椒、丁香、肉桂;另外,还有椰子、甘蔗、腰果等。

种植园受市场影响很大,为便于接近市场,保持产品的新鲜,故多选择近市场的海岸地区。如美国需要香蕉,使香蕉种植园大量集中于中美洲的海岸地区。美国人喜欢咖啡,致使原来产于非洲的咖啡种植园转向巴西。种植热带作物，劳动强度大，加上气候炎热，白人经营者为榨取更大利润，使用大量的黑奴，引起历史上罪恶的"奴隶贸易"，使非洲遭受严重的损失。

2. 谷物农业。谷物农业是面向市场进行专业化大规模商业生产的农业。其生产的谷物主要有小麦，其次是玉米、水稻。玉米多用于饲料，水稻的比例不大，现在在提高。

为取得经济效益，谷物农业主要是尽量采用大型农业机械节省劳力，扩大单位农场的面积以实现规模效益。由于小麦和玉米的种植、收获季节性很强，大型农业机械成本高，使用时间有限，机械的效率就发挥不出来。为此，农场就在该作物的种植区内按一定距离购置土地建立农场。这样就使农业机械在一地使用后，就赶到下一个农场以增加使用次数。例如，季节从南向北推移，南面小麦播种早于北面，则小麦播种机械，先在南面农场，后向北转移。这种连续的作业以地区转移来发挥效率，结果导致地区间农场的联合、协作，形成更大的商品谷物生产企业。这种生产方式就形成农区只有机械与谷物仓库为主的建筑，而农业工人变成流动的，因而谷物农业农场成为既没有传统的农民，又没有在场居住的长期固定工。

3. 牲畜育肥农业。牲畜育肥农业是一种种植业与饲养业相结合的农业。这种农业以种植的谷物作为饲料，就地通过牲畜作为最终产品投放市场。其分布地区一在美国大湖以南地区，另一在欧洲从西班牙北部向东北，经波兰，到俄罗斯平原。这里适合种植饲料，又接近消费市场。

在工业发达国家,由于那里人们生活水平高,肉食在食物中的比例大,促进了牲畜育肥农业的发展。在美国大湖南部主要种植玉米为饲料。但玉米主要由淀粉组成,缺乏蛋白质,故种植中除玉米外,还种植含蛋白的大豆。在欧洲,除玉米作饲料外,还种植甜菜、土豆等为饲料。

为了生产专业化,有的农场专门培育和繁殖优良品种的牲畜,幼畜长到一定重量再出售。而育肥的农场则只买来幼畜放在饲栏中,快速育肥,达到标准后,成批出售。他们注意育肥期长短与市场的需求变化以取得最佳效益。这种育肥农业主要以牛和猪为主。

4. 乳品业。乳品业是适应城市居民对新鲜乳品的需求,产品主要是流质的鲜牛奶及其加工制品。这类农场的区位受市场的距离与青嫩饲料的供应所左右。在距离方面,关键是交通路况与车辆的运作。例如,市场距离虽然远了些,但如路况条件好,每小时车辆的速度能够提高,使当晚生产的新鲜牛奶,在消毒、包装以后,可以准时在清晨运到超市。为此,农场往往采用电力吸奶、真空吸奶技术,简化了消毒过程,节约了时间和成本,发挥了效益。这就减轻了农场在区位选择上,受城市距离的限制与压力。

关于饲料问题,优良品种的奶牛,若要其产量大、质量高,供给的饲料质量是关键。这里供给的饲料是多汁、新鲜与富于蛋白质的综合饲料。为保证新鲜的青饲料,农场需种植或供应优质的牧草与块根作物及添加的蛋白质等。新鲜青饲料的种植与供应是这类农场区位选择的关键。美国五大湖南岸与西欧的西风带,降雨丰富与温度稍低成为最佳条件区域。

在距离市场远、青饲料条件差的地方,乳品业农场的产品方向不是供应鲜乳,而是转向制成品——如奶粉、黄油等产品,这对克服距离的限制获取较高收益十分有利。因此,澳大利亚、新西兰以此产品供应欧美。

5. **市场园艺农场**。市场园艺农场是为市场供应蔬菜、水果、花卉等产品的农业。蔬菜是人们日常不可缺少的食物,为人体提供必要的营养与维生素。但蔬菜需要新鲜,否则就会降低质量,难以销售,甚至还会腐烂变质。因此,及时供应与保质储存是其关键。由于受气候条件影响,各地蔬菜种类与品种受到限制。目前,大规模的温室大棚,用科技办法进行生产,加上保鲜技术及快速长途运输打破了很多限制,使其发挥集中效益。在美国东南的佛罗里达与西南的加利福尼亚就利用地区气候优势,集中生产,采用保鲜设备、专用卡车,不分昼夜供应各大城市。目前,我国亦出现蔬菜供应基地。如海南利用冬季,山东以比华北春、夏季节早临优势解决北方淡季缺菜问题。

果品方面除供应市场新鲜水果外,还利用储藏条件保证对市场全年供应。另外,一些果品还可制成果汁供应市场。花卉目前是人们美化环境的重要商品,成为人们相互赠送的高雅礼品。水果与花卉的生产与气候及技术传统有密切关系,生产的地域限制亦较大,所以,亦多集中专业化生产,通过便利交通以供应市场。

6. 大牧场。大牧场放牧牲畜,与传统游牧业差别相当大。首先,这里不是一家一户的小规模。大牧场是大规模,成千上万头牲畜集中放牧。其次,它是由牧场主雇工进行专业化的单一畜种放牧。再次,它是按需要,科学放牧某种牲畜,甚至只放牧某发育时段牲畜以供应市场。

这种大规模牧场都选在干旱、不适合耕作的地区。在放牧上有的利用这里环境中天然的粗饲料与流动性便于幼畜初期骨架的生长和发育。完成其阶段要求后,就转移到育肥农场去进行栏饲。这里供给的是适合生长增肥的配合饲料与少活动的环境以使其快速增肥,达到所需。

6.4 农业类型的区位与地理环境

农业类型的分布从上述情况来看与地理环境之间存在着紧密联系。最早注意此现象并提出农业区位模型的是德国人冯·杜能(Johann Heinrich Von Thünen,1783—1850)。他不是一个专业学者,只是北部麦克伦堡平原上一个农场主,由于他关心农业收益与对土地利用的好奇心,引起他的设想——在理想状态下,农业对土地利用的模型。在 1826 年,他出版了《孤立国》一书。

在这一著作中,他提出当时条件下农业合理布局的模型,即"杜能环"的农业区位理论。在这一理论中,他假定:一个大平原中央有一个城市,它与周围农业地带组成一个孤立的地区。在其区内自然条件各处一样,宜于作物与植物的生长。在孤立地区内,除马车作为运输产品的唯一手段外,别无其他运输手段,农产品单位距离的运费各处都是一个标准。区内中心城市是区内唯一的农产品的销售市场,也是工业品的唯一供应地。区内平原上均匀地分布着具有同等技术条件的农民,他们的商品的市场价格、工资及工资的利息固定不变,运输费用与运输产品的重量及距离成正比。这样,不同地点与中心城市的距离远近所产生的运费差,决定距中心城市不同距离内的农产品纯收益的大小。一定地方所选定生产的农产品,应当是获得最高收益的那种产品。随着与该中心城市距离的增加,运费增高,使该农产品纯收益下降,超出一定距离后,该农产品就让位于比它收益高的其他农产品。于是,农民就调整其生产方向与土地利用类型。按当时的农业生产条件,将形成以中心城市为中心,呈同心圆状,由内向外分布的六个农业圈:

第一圈:农业自由带,其距市场最近,主要生产易腐难运的农产品,如鲜奶和蔬菜。

第二圈:林木带,主要生长木材,是供应城市体积大,不宜远运的燃料带。

第三圈:作物轮作带,该带内作物每六年轮换一次。六年中有两年种稞麦,余下四年土豆、大麦、苜蓿和野豌豆各种一年。这样,中间就不需要有休闲地。

第四圈:谷草轮作带,谷物、牧草和休闲地轮换,七年轮换一次。

第五圈:三圃轮作带,每年三分之一土地休闲,其余分种燕麦与裸麦。

第六圈:畜牧带,生产牧草、放养牲畜,实行粗放经营。在该圈以外,就是未耕的荒野。

上述情况,与其后的西方大城市外农业土地利用情况相比,家庭的燃料已不用木材,已从用煤转换到天然气与电,所以林木带已不存在。其余各圈经修改,分带如下:

第一圈:市场园艺业与栏饲带;

第二圈:乳品业带;

第三圈:牲畜育肥带;

第四圈:商业谷物带;

第五圈:大牧业带;

第六圈:非农业带。

这种修改后的农业区位模式大体上可以用于城市的周围地区与更大的地区,甚至全球范围。

南美洲的乌拉圭,全国 17.6 万 km^2,地形基本上是平原,农牧经济占重要地位。全国只有首都蒙得维的亚是个唯一的较大城市。有人根据修改的杜能模型作出预计,并将预计图与实际作比较,可以看出该模型的价值(图 6-2)。

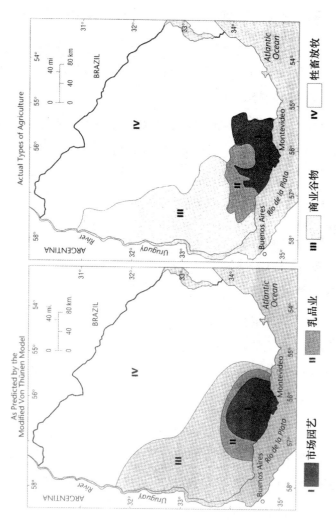

图 6-2　想象的和实际的乌拉圭农业类型

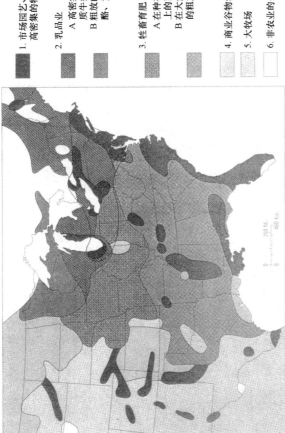

图 6-3　北美的东部和中部的重要城市市场基础上形成的农业类型

1. 市场园艺、栏间种植园（包括高密集的特殊作物，如菸草）

2. 乳品业
   A 高密集乳品业，为市场生产流质牛奶
   B 粗放的乳品业，为市场生产奶酪、黄油和加工乳制品

3. 牲畜育肥
   A 在种有专用玉米和大量田上的高密集的育肥
   B 在大量采用草场放牧收的农场上的粗放式育肥

4. 商业谷物农业

5. 大牧场

6. 非农业的生存性种植

美国制造带边界

美国制造带的主要城市群

在更大的地区方面,可以在美国得到验证。美国的东北部,可以看做是"孤立国"的"中心城市"。接下去是"市场园艺业带""乳品业带""牲畜育肥业带""商业谷物业带"以及"大牧场带"。

按杜能圈,"市场园艺业带"应紧邻中心城市,因气候原因而出现在佛罗里达。大湖南岸因气温低,适合多汁饲料,遂出现"乳品业带"。其南就出现"牲畜育肥带"。该带北面是集约型,以供给玉米、黄豆饲料的栏饲为主。其南面为粗放型,以牧草场的放牧型为主。"商品谷物带"适于草原气候,则被挤到西部。此带为"大牧业带",则位于更干旱的西部。综上看来,杜能圈模型在特大范围内,则气候的作用大于市场,使同心圈发生某种变形(图 6-3)。

第7章 工 业 地 理

从人类社会发展来说,农业出现到现在已约有 8 000 年的历史。可是工业从 18 世纪后半期出现以后到现在也只有 200 多年,但工业给社会带来的变化程度远远超过农业。世界任何地方都使用工业生产方式,它给世界各地的经济、社会以及文化带来根本性的变化。

7.1 工业革命的出现和发展

工业生产是比农业出现更深刻的一次变革。如果说,农业是人类模仿动、植物的自然生产过程而进行人工放牧和种植而创立的,那么,工业生产则是人类靠思维、科学和经验而创造出来的。它于 18 世纪 60 年代发源于英国,为了解其产生的原因,先需探讨其科学前提与基础。

7.1.1 科学前提与基础

在工业革命以前,那时没有现今的科学实验室、从事自然科学和技术的研究人员。当时,人们多是靠生产实践经验与理论思维来分析、总结、探讨科学的理论。在各种专门技术领域,例如金属冶炼、建筑、工程以及一些手工业生产中,都以师徒相承积累,出现一批经验丰富、技术熟练的工匠。他们善于思考、从实践中总结经验,在生产方面不乏出现一些创新与发明。

另外,欧洲在文艺复兴中,了解到希腊人对科学理论和思维的贡献,激发起人们去探求科学理论。特别是伽利略自制天文望远镜去观察天体,用实验的办法去验证落体的运动规律,使自然科学走上实验道路,检验自己的认识与思维是否符合实际,大大有利于自然科学的发展。

在过去,经院学者只是把自己关在书斋中,不愿走出去,更不愿与身份低微的工匠们为伍。在工业革命前夕,工匠已具有市民身份,其在生产上的技艺使其社会地位大有提高。加上经院学者们走出书斋,观察实际,使工匠与学者开始结合,使原来脑力劳动对体力劳动之间的偏见有所消除,为工业革命的技术创新创造了条件。

地理大发现,新航路的开辟,东西方贸易的发展,要求建造更大更快的船。海上航行要求有准确的定向、定位仪器和地图。贸易的发展,产品的交换,要求技术上有所改进,以提高产品的质量与数量,获得更大利润。这种要求正是英国出现工业革命的前提和基础。

7.1.2　在英国出现工业革命的条件

在 18 世纪,英国在海外贸易方面取代老牌殖民主义者西班牙、葡萄牙,而且压倒了曾在 17 世纪垄断欧洲海外航运和商业的荷兰,走上了欧洲外贸的霸主地位。在军事上,英国已击败了西班牙的"无敌舰队",击败了法国拿破仑,成为欧洲与世界的霸主。

在当时,欧洲与海外贸易已不是掠夺东方的香料、拉丁美洲的金银,而是靠大宗的生活必需品去交换所需的原料与商品。英国多雨低温,不适于农业,却有利于牧羊业。其羊毛质量高,纺织业发达,毛制品出口,很有竞争力。

新航路的发现,欧洲的航运业由地中海转向大西洋。航运业先在西班牙和葡萄牙人手中,后又到荷兰人手中。18 世纪开始转到英国人手中,英国成为海外殖民地最多的国家,世界贸易的中心——伦敦亦成为世界金融的中心。

经过"光荣革命"(1689),英国摆脱了专制王权、走上君主立宪道路,议会成为主权机构,逐步演变为由议会中多数党执政、组织责任内阁。这对英国政局稳定、经济加速发展、工业革命兴起有着重要作用。"圈地运动"改变了英国中世纪所实行的庄园制,使土地集中到农场,对提高农牧业生产和为工业发展提供原料和劳动力起到重要作用。

7.1.3 工业革命的产生与初期发展

英国工业革命是经历一系列的技术革新,使得原来手工业作坊生产规模和技术发生根本性变化,使产品质量和数量出现跃进。其工业革命过程大体如下。

(一) 首先出现的是纺织工业

此前,纺纱、织布都是由农村妇女和儿童在家庭手工操作。那时,中间商走村串户把原料分给各户,过些日子,再去取半成品或成品,按质按量付给加工费。后来,荷兰组织作坊,将手工劳动集中到作坊,集中加工。操作靠人工用简单机器。1733 年,在织布机上采用飞梭加工提高了织布速度,致使纺纱供应不足。1765 年,手摇纺纱机出现,使纱与布的生产速度保持平衡。到 1769 年,水力转动纺纱机出现。机器的转动不靠人力而用水力。经过改进水力纺纱机可以转动 2 000 枚纱锭。纺出的纱既匀称又结实,质量超过人工。不久,水力驱动织布机又出现了,使原来人工纺纱、织布效率大增。为此,工厂设址要找水流急、落差大的地方,但这类地方不多,从而限制了工厂的新增。

蒸汽机的出现代替了水力,使设厂限制解除了。只要有煤,蒸汽机放在哪里都能带动机器。这样,厂址就由河边转到城里。结果,宽大的厂房出现在城市。这种规模大,集中人力、机器的纺织业首先实现了机器生产。这样,英国纺织工业工人很快达到 150 万,成为世界纺织工业最大最集中的国家。其产品数量、质量超过任何国家,成为全世界最大棉布供应基地,获得相当大的收益。纺织业的大发展,需要大量钢铁制造机器,大量煤炭作蒸汽机的燃料,结果刺激了钢铁、煤炭工业的发展。

（二）钢铁工业

传统的炼铁业是在山区进行,是小规模的作坊式。铁的冶炼是在采矿点附近设置的小熔炉中进行。矿石就地采掘,燃料亦即当地的木材。冶炼是按传统经验,往往还混杂些迷信色彩。由于缺乏科学的合理程序与标准操作方式,不仅规模小、产量低,而且质量不稳定,影响合格的统一标准产品的供应。由于市场的需求大,在技术革命推动下,传统炼铁发生突破,新型的、大规模的钢铁工业开始出现。

为满足原来冶炼业所需的木炭,导致附近的森林被采伐殆尽,木炭供应点离冶炼点越来越远,使冶炼业发展受到很大限制。1709年,人们发现煤能变成焦炭以代替木炭。焦炭及鼓风机的应用,使炉温上升,炼铁的效益与规模、产量大增。后来,发明了反射炉,可以炼出有韧性的熟铁。

上述技术使英国钢铁业大为改观。产量、质量上去了,价格反而便宜了,由此促进了机械工业的发展。

（三）采煤工业

纺织工业的蒸汽机需要煤,钢铁的冶炼也需要煤,致使英国从1770年到1860年的90年内,煤产量提高了近10倍。这样,采煤业成为英国工业革命中一个新兴的工业。

煤炭是一种体积大、分量重的产品,且其产地与消费地往往有相当距离,这就需要有一种运量大而且速度快的运输工具,将两地联系起来以促进煤炭的生产和消费。

(四)运输业

纺织、钢铁与采煤工业的发展,对运输业产生极大的推动力。起初,是开挖运河,用船舶运输煤炭。船舶运输量大,价格便宜,是一种很好的运输方式。但是,船舶运输受运河的限制,而运河的开挖,则受地形与水源的限制。当时,陆路运输是马车,运量小,费用高。煤炭运输就成为运输业发展亟待解决的问题。

那时,在煤矿与运河码头之间的运输用马车,为提高效率,遂出现把马车的车轮放在铁轨道路上,形成马拉铁轨车。这样用一匹马可以拉原来用两匹马的车的重量。因此,在1825年斯蒂芬森设计出蒸汽机作动力的在轨道上运行的火车。到19世纪30年代,铁路速度大大超过马车,价格又便宜,遂在英国开始了铁路大发展的时代。其后,蒸汽机又用于船舶上,开始取代内河与外海上的传统船舶,出现"海洋铁路"的新时代。

(五)机械工业

蒸汽机的出现与普遍应用可以说标志着机械工业的开始。纺织工业、钢铁工业和采煤工业、运输工业的机械的大量制造则标志机械工业的发展和扩大。机械工业不但随着技术的不断革新,使新的机械设备不断出现,遂带动各行业的新发展,而且机械工业本身亦开始分化,专业化出现,使机械工业分成相应专门的工业部门,使技术革新、新机械的应用与扩展成为相互促进的关联。

（六）化学工业

化学工业开始是与纺织工业有紧密联系的。棉纺成纱,织成布,需漂白后才能染色。漂白剂和各种染料的制作就成为化学工业启始时的重要内容。原来染料多来自植物,后来转向通过矿物质经化学作用形成的各种化合物。这样,根据需要可以制作出各种色彩的染料。

纺织工业的原料不仅有棉,还有丝、毛、麻等原料,其对染料性质和特点的要求亦各不相同,这就促进了对染料的研制和开发。今天,纺织工业除了应用天然的各种纤维,还出现大量的各种化学成分的化学纤维,如尼龙、涤纶、奥纶等。虽然化学工业是与纺织工业联系而发展起来,但今天化学工业的内容与产品已远远超出此范围。

（七）食品工业

化学工业发展又引起食品工业的发展。工业发展,工人数量激增。为工作方便,工人中午多把自作食品带到工厂就食。1810 年,法国一个食品商用沸水灭菌法将食品装入玻璃瓶以保存食品的办法取得成功。1839 年,又发明用马口铁罐代替玻璃瓶,不易破碎,又耐高温,便于灭菌,遂开始了罐头食品时代。

当时,灭菌办法是把铁罐放在沸水中煮 5 小时。后来,发明用氯化钙放在水中,沸水温度可达 116℃,时间降到 40 分钟。这使罐头的产量大增。

7.2 工业生产的扩散和新发展

工业革命在英国出现以后,不仅给英国的经济带来巨大变化,使英国成为世界工厂、工业产品的供应基地,而且为英国带来巨大的利益,使它成为世界上最强的国家。为了保持工业的垄断地位,英国曾制定法律禁止机械出口。

经过近一个世纪的垄断,英国的工业技术与工厂化的生产开始向世界各地扩散。

(一)向欧洲的扩散

在欧洲大陆,首先接受英国工业生产的是比利时,其次是法国。法国有丰富的煤、铁资源,新技术的采用使法国的工业生产迅速上升。再次是德国。1870 年,普法战争中,德国取胜,实现国家的统一,在国家的推动下,德国工业化的速度惊人,仅在不到半个世纪后的第一次世界大战前夕,德国的钢铁、化学与电力都已超过英国,其工业总产量已居欧洲第一。正是法、德的工业发展推动了欧洲的奥地利、意大利、俄罗斯等各国的工业化进程。

(二)向北美的扩散

美国原为英国的海外殖民地,居民绝大部分是英国人的后裔。美国在 1776 年宣布脱离英国独立,其后采取联邦制。由于政治的独立、联邦制以及与英国文化的联系,美国在 1790 年就建立其第一

个棉纺厂。1865 年美国南北战争结束后,工业化速度加快。由于
美国国土面积大、资源丰富和大量移民,到 1900 年,美国的工业生
产超过英国。

（三）工业技术的新发展

工业生产的革命起先出现于 18 世纪中期的英国。在 19 世纪
到 20 世纪初,工业生产技术出现第二次革命。这次革命并不完全
在英国,而是出现在德国和美国。这次革命与第一次有所不同。第
一次的技术革新和发明,大多是出于经验丰富的工人出身的技术人
员,他们是靠历史继承与自身的经验积累。而第二次技术革新的发
明家则多是专家与学者,他们将科学与技术相结合的成果应用到工
业生产中去。在此期间,自然科学中的电学、力学、化学、电子学等
学科的研究成果被应用于工程技术,出现了许多发明与创造。这些
发明与创造有的是个人智慧的成果,有的是集体智慧的成果。

第一次工业革命一般称之为蒸汽时代,第二次工业革命则是电
气时代。由于电磁感应定律的发现,发电机被制造出来,发电机迅
速取代了蒸汽机。电不仅被用作动力,还被用来照明,并利用电波
传递信息。电的优点是使用方便,可以远距离运输,各用电单位无
须自己设厂发电。发电厂可以用火力发电,也可用水力发电,而且
价格便宜、清洁。

这时,除发电机外,还发明了内燃机。它使用的力为液体和气
体燃料。内燃机体积小,分量轻,启动方便,运转平衡,可以安置在
其所推动的机器上,如用于机车、轮船、汽车、飞机上,引起运输与生

产划时代的变化。汽车的出现使城市交通、私人交通发生根本变化,由于其适应一些山地,而且灵活,使得地区交通十分方便。飞机的出现,使跨洲、跨洋的远距离已不受空间限制,而且日益密切人们的相互往来。内燃机的出现,使汽车、飞机制造成为一种新的工业部门,其燃料供应亦出现了一个新的能源工业——石油工业。电话的出现,使过去神话中的顺风耳成为现实。

工业的发展,对钢铁原材料与其他金属,如铝、铜等的需要大增,使炼钢炉扩大;炼钢技术的革新,使钢铁业的发展犹如出现一场新的改造。化学工业,由于内燃机出现、石油的利用,不仅促进石油的冶炼,而且石油产品的多样化使石油产业成为提供各种有机化学原料与产品的产业。其合成的产品为人造纤维和塑料的出现创造了条件。

第二次世界大战后,原子弹、氢弹的发明诞生了核能工业,导弹、卫星、登月而产生了宇航工业,电子管、晶体管、集成电路……的发明出现了电脑与个人笔记本等,使工业的发展速度加快,新产品、新产业日新月异。它是科学技术研究的产物,是许多科学理论与技术综合研究与多学科交叉集体协作的产物。工业的发展与创新已和科学研究紧密联系,而工业发展也不单纯为经济利益,它已与国家的国力和国防存在共同的利害关系。

7.3 影响工业分布的各因素

影响工业分布的因素很多,大体可以分为以下六类。

7.3.1 自然条件

影响工业分布的自然条件主要是地形、气候与水文。地形的影响主要是在厂址的选择上。厂址的选择多在地形较为平坦的地方,有较大的面积,使其有利于厂内的各种功能的布局,对外有方便的联系。比较大型的工业厂址,需要在工厂附近安置相应的生活设施,甚至需要与相应的城镇在规划和设施上进行协调。

在地形选择上,还要考虑到自然灾害的影响。例如当地的地震、滑坡、泥石流、洪水等灾害突发的可能性。如果情况不太严重,需采取些防范设施;严重时,只能改换地点,另作选择。有的地方,虽然不理想,但区位条件很优越,在花费条件允许下,则采用人工办法予以改造。如中国香港与日本,土地少,平坦地更少,往往采用劈山造田创造用地。

气候条件对有些工厂的生产等方面还是有相当的影响。例如棉纺厂,它需要一定的湿度,有利于纺出纱的质量。气候干旱,就会使纺的纱易断。不过现在可以在厂内采用人工办法创造条件以适合纺纱需求。虽然人工可以创造条件,但成本太高,产品对气候条件要求严格,因此只有将工厂设在其适合的气候地区。

水文条件主要是供水与排水。有的工厂其产品不仅需要有大量供水,而且对水的质量亦有严格要求。为此,就要细致了解当地天然水体、地表径流与地下水的储量、水质,使其质量能满足要求。如果供水不平衡,则要修水库;如果水量不足,有的采用跨地区引水。排水时,不仅注意排水的去处,还要避免对当地水体造成污染。

7.3.2 资源条件

工业是加工原料成产品的企业,各种原料的重量和质量的要求,对工业企业的区位选择有很大影响。

(一)加工后体积与重量有较大减少而价格又低廉的原料。使用这种原料的企业多选择设在原料的产地。因为这样做可以大大减少运输费用,从而大大降低成本,有利于产品的市场竞争力。例如钢铁工业的原料主要是铁矿石和煤,因此,钢铁企业多选择铁矿石或煤产地。钢铁是工业化国家不可缺少的基础工业,而煤与铁矿石的产地受地质条件所限,并不是每个国家都具备的。例如日本,铁矿石与煤多依靠进口,所以钢铁企业多选在港口,这样可以利用廉价的海上运输。其成品出厂后,可以就近供应其附近使用大量钢铁的机械工业与汽车工业。虽然原料运到工厂距离远,但其产品进入市场则距离近。通过这种方式亦可在一定程度上达到减少运输费用的目的。

（二）加工后体积增大又不便运输的原料。此类企业多靠近其销售地建厂。例如饮料厂，产品中大量是当地的水，而瓶装在运输中又易破碎，为避免运输费用过大及产品破损，多设厂于销售地。

（三）消耗能量多的企业。当原料在加工过程中需要大量能源时，企业为降低成本，选址趋向能源供给基地。炼铝厂要消耗大量电力，故多选在水电站附近。

（四）需要新鲜原料的企业。蔬菜与水果的加工企业，就其成本与产品质量的原因，多选在蔬菜与水果产地，以避免原料在运输中腐烂变质。

（五）产品需要新鲜的企业。这是指加工后需要保持新鲜，如面包、冰淇淋等商品过时就需销毁。厂方为适应销售、避免损失，故多选在市场附近。

7.3.3　能源条件

工厂在加工原料过程中，各工厂都需要能源，差别在于数量的多少。现在是用电，电可以通过电线传输，非常方便。电力生产因此可以远离工厂地。但是电力需能源才能生产，供电力生产的能源是多样的，有煤、石油、天然气、核能以及水力和风能等。故现在各国电力的价格取决于一地生产电力所使用的能源种类与传输到使用电力地区的距离。

7.3.4　市场条件

商品的生产与市场的关系有两方面：一是通过市场销售其产品，二是通过市场取得其生产所需的原料与配件以完成其生产。企业的产品只有通过市场销售出去才能完成其生产过程并能持续生产。因此，市场的大小、需求多少是生产厂家在厂址选择中要注意的条件。一般说来，市场大、人口多、经济发达、消费水平高等条件有利于产品的销售，因此，这种地区与城市往往是相关工厂首选的所在地。由于工厂的专业化，工厂生产不仅需要上述条件，而且它还需要其本身所不生产的各种零部件，才能完成其生产。但是，零部件的生产供应也只有在市场大、经济发展水平高的地区与城市才有可能提供多样化的零配件。

除产品的销售外，零配件的供给市场也影响生产厂家的厂址选择，市场大的地区与城市在资金供应、技术研发、信息获取、交通便利等方面也为生产厂家的发展提供重要服务。

7.3.5　劳动力条件

劳动力是生产过程中的重要条件，也是产品成本中的重要组成部分。企业对劳动力的需求不仅是劳动力的数量，还有劳动力的素质与技术水平。

根据工业生产过程对劳动力数量、质量的要求不同，而分为劳动密集型产业和技术密集型产业。前者需要劳动力数量多，但技术要求不高,工人很快可以掌握生产技术。这类劳动力的工资低,但劳动力数量多,在劳动产品中所占比例的多少关系到利润率的高低。因此,这类企业的选址往往趋向劳动力供应充足而工资水平低的地区。

对生产技术要求高的企业,往往在上岗前将基本合格的工人加以培训,使其掌握操作技术后才上岗。因这类技术密集型企业内部分工较细,技术性强,为保证产品质量高,稳定,不仅要求工人技术水平高,专业性强,而且岗位稳定,不能经常流动。为稳定工人的生产,企业对这类工人提供的生活条件比劳动密集型企业要好。

7.3.6　工业的发展对环境的负面影响

工业革命以来,人们往往看到其对经济发展、人民生活水平提高所起到的显著作用。但是,近来人们也看到其对环境方面所带来的不利于环境的负面影响。这主要是工业大规模生产所产生的废气、废水和废渣等废弃物导致了空气污染、水污染、土地污染,甚至引起局部环境或全球环境出现明显的负面影响,导致环境质量下降,影响到居民的身体健康。这种情况已经引起各国的普遍重视,呼吁全球采取措施的呼声越来越高。

目前引起全球性的污染是空气中因化石燃料而引起的二氧化碳浓度提高。二氧化碳浓度增加导致空气的温室效应使地球空气增温,结果全球气候发生变化,这点已为科学界所公认。气候变暖会使极地冰层减薄,山地冰川消失,也使一些地方气候冷暖干湿发生变化,冰川融化还会引起海平面上升。而且,还会使有关地区的自然灾害的强度增加,频率增大,危及工农业生产和居民生命与安全。严重的是这种趋势一旦形成,很难短期扭转。环境变化是全球性问题,必须全球共同努力才可能见效。它也将使全球的经济格局发生根本性变化。

7.4　工业区位论

工业的选址既然受很多因素的影响,在实际中,究竟如何决策呢?这一问题引起学者的注意,他们研究工业企业根据什么原则被吸引到某一特定场所,从而获得最大利益的理论。获得最大利益的场所就是最佳的区位。这种理论也就称之为区位论。

7.4.1　工业区位论

创建现代工业区位理论基础的是德国经济学家 A. 韦伯。他于1909 年发表《工业区位论》一书,为工业区位理论建立了完整的理论体系,并提出了严密的研究方法。但是,他的工业区位论是抽象的、孤立因素分析的静态区位论。

韦伯理论的中心思想,就是区位因子决定生产场所,将企业吸引到生产费用最小、节约费用最大的地点。他将区位因子分为适用于所有工业部门的一般区位因子和只适用于某些特点工业的特殊区位因子。一般区位因子有运费、劳动费、集聚和分散。特殊区位因子,如湿度对纺织工业,易腐性对食品工业。他将这一过程分为三个阶段:1. 假定工业生产引向最有利的运费地点,就是由运费的第一个地方区位因子勾画出各地区基础工业的区位网络。2. 第二个地方区位因子劳动费对这一网络首先产生修改作用,使工业有可能由运费最低点引向劳动费最低点。3. 单一的力(凝集力或分散力)形成的集聚或分散因子修改基本网络,有可能使工业从运费最低点趋向集中(分散)于其他地点。

（一）运输区位法则

假定铁路是唯一的运输手段,以吨公里的大小计算运费。已知甲方为消费地,乙方为原料(包括燃料)产地,未知的生产地丙方必须位于从生产—销售全过程看吨公里数最小的地点。吨公里数最小地点在什么地方,是根据运费确定区位的核心问题。韦伯研究了原料指数(即原料重量与制品单位重量之比)与运费的关系,指数越小,运费越低。从而得出运输区位法则的一般规律:原料指数＞1时,生产地多设于原料产地;生产指数＜1时,生产地多设于消费区;原料指数近似1时,生产地设原料地或消费地皆可。

（二）劳动区位法则

某地由于劳动费低廉,将生产区位从运费最低地点吸引到劳动费用最低的地点。工业的劳动费是指进行特定生产过程中,单位制品中工资的数量。韦伯探讨了劳动费的地理差异如何影响区位变化,即区位从运费最小地点移向劳动费最小地点的条件。原则上只有当单位产品劳动费节约额大于运费增加额时,工厂才能从运费最小点移向劳动供给地。

(三) 集聚(分散)区位法则

分散和聚集是相反方向的吸引力,将工厂从运费最小点引向聚集地区或分散地区。如果集聚(分散)获得的利益大于工业企业从运输费用最小点迁出而增加的运费额,企业可以进行集聚或分散移动。

在韦伯的工业区位论提出以后,还有一些学者提出其他的工业区位论。

7.4.2 廖什的市场区位论

他认为大多数工业区位是选择在能够获取最大利润的市场地域。他提出区位的最终目标是寻求最大利润地点,不是费用最小点,也不是收入最大点,而是收入和费用的差最大点。

他认为企业势力的消长取决于市场圈的扩大和发展,企业的商品有一个最大的销售半径,由于排出(分散)和吸入(吸引)两种力量的不断作用,市场圈就产生扩张和收缩变化。随着销售圈距离加大,运费增加,价格上升,销售量也逐渐减少。为此,他创造了需求圆锥体理论,销售量在圆锥尖因距离底座远而最小,而底座代表近距离,面积大,销售量最大。

7.4.3　艾萨德的区位指向理论

他主张从"空间经济论"出发研究区位论,利用比较成本分析和投入产出分析等综合分析方法进行工业区位分析,把工业区位论作为"区域科学"的核心。他指出影响工业发展和布局的条件很多,它们作用各有不同,而在不同区域中的作用差异很大。此外,其中有些因素是相互依存的,并且可以相互取代、补偿。例如,资本因素与劳动因素之间的关系,当企业家建立特定规模的工厂时,在工资高、技术条件好、资金来源充足而利率比较低的地区,就可以采用先进的自动化设备,虽然投资多,但可节约劳动费用。在劳动力充足、工资低廉、资金来源困难的地区,则可以采用不很先进的技术,节约投资,以取得较好效益。艾萨德的最大贡献是把工业区位理论与社会实践相结合,注意地方特点,发挥地区优势,建立地区性最佳的生产部门,人们把他的工业区位论作为地区开发规划的基本理论。

7.4.4　行为学派的工业区位

20世纪70年代,工业区论的研究特别注意到行为因素在其中的作用以及信息因素在区位决策中的影响。传统经济区位理论都是假定从事经济活动行为的主体——人,是完全掌握了相关区位的一切信息,并且具有稳定地、正确地选择所有事物的能力的人,即所谓的"经济人"。而在现实中,无论是经济活动的经营者还是经济活动的参与者,都并非以实现利润最大化,或费用最小化为目标。他们往往是在某种满足的情况下行动,是满意的人。经济活动的经营者与其说是追求最佳区位,不如说是在某种满足的情况下,按"最小努力原理",寻求某一种满意的区位。

在区位的选择中,决策人的个人爱好、文化素养、成功动机、以往经验,甚至其所属民族、宗教、家乡、亲缘等因素对其行为往往起着决定性作用。例如,我国吸引华人投资方面,地缘与亲缘关系在其中起着作用。

在行为因素中,区位决策者的决策往往与其所占有的信息量多与少及信息的偏向和利用能力有关。在普雷德所作的研究区位决策的行为矩阵来看,凡是掌握信息量大、利用能力强的决策者,在区位的选择中,往往越接近最佳的区位。其研究说明决策行为正确性与信息量和利用能力有紧密联系。

7.5 多部门企业(公司)区位

工业企业随工业革命而出现,也随工业的发展而发展。在开始时,工业企业是单一产品的生产企业,在经济发展中,生产企业不断地扩大规模,并且在产品上也出现跨行业的产品生产。与此同时,在地域上亦出现分店、子公司。对区位的研究,也随之出现变化,在20世纪中期以后也开始进行多部门企业(公司)的区位研究。为此,在经济地理学中,出现"公司地理"或"企业地理"。

7.5.1 企业的增长

随着企业扩大,大公司在经济中的地位日益上升。目前,世界上前一百个大公司,每个公司的总值甚至超过一些国家的生产总值。

（一）企业增长的动因

企业增长的动因很多,主要因企业间的激烈竞争,为取得更大经济效益而采取的扩大规模经营,实现内部交易和发挥技术优势等。

企业经营中,有两个成本,即固定成本和可变成本。前者在一定阶段内不随产量增加而增加,如管理人员的工资和一些固定资产的投资。后者指一定阶段内随产量的变化而变化的费用,如原料、燃料、零部件等费用,但该成本变化并不随产量增加而等比例增加。因此,在一定范围内,企业的生产规模大,可带来成本的下降。这种范围的上限被称为最佳规模。专业化生产水平和组织能力提高,最佳规模在不断扩展。由此带来的效益称规模效益。企业为获得规模效益扩大市场战胜对手而不断扩大规模。

企业在实现其生产中,不仅需要原料,而且还需要各种配套的零部件。为获得这些零部件,需要通过企业的外部交易来实现。在外部交易中,就使自己的产品增加了成本。为了使零部件在成本中的费用下降,最好的办法就是将企业与企业之间外部市场交易转变为企业的内部交易。这样,就要两个或两个以上企业进行相互关联活动,实现经营范围扩大而获得效率。

当一个企业生产技术具有某种优势,但其自身规模有限,难以在内部发挥其技术优势以大规模地降低其成本,而外部市场又不完善,技术价值亦难以在市场交易中实现。这种情况下,企业只有通过自身扩大规模以充分发挥自己的技术优势,使之转换为成本优势、价格优势而获得更大利益。

(二)企业增长方式

企业的增长方式可分为横向一体化、纵向一体化与多样化。

横向一体化使其扩展的三个方向为:扩大原有产品的生产和销售;向与原产品有关功能或技术方向扩展;与上述两个方向有关的向国际市场扩展或新的客户类别扩展。这是以原产品生产与销售向相关生产技术、功能及相关的地理空间、客户类别方向扩展,故称为横向一体化。纵向一体化是指向生产活动的上游与下游生产阶段扩展。这两个方向都与原产品生产活动有关。多样化是指与原产品生产活动不相关的领域,故称多样化。

(三)企业的空间扩展与阶段

企业的生产与销售一旦获得成功就会扩大规模增加产量,扩大销售范围。但是,由于产品远距离供应不但增加运输成本,导致价格上涨,市场竞争能力下降,还会使产品供求与销售等方面难以适应市场形势而影响企业进一步扩展。为此,就需要在原生产地以外,设立各种生产、销售和管理机构。在空间的扩展上,大多数企业都采用以原生产地为基础从近到远的逐步扩展方式。另外,有的企业选择合适的地点作为中心区位,以此中心向附近各点扩展,直到后来能使其生产与销售扩及更广大地区。

这种空间过程亦包含着企业的组织发生阶段变化。在阶段一时,企业形式十分简单,生产单一产品:一个工厂,组织功能单一,领导层仅管理一个工厂的生产。到阶段二时,随着企业生产规模和地理分布范围扩展,引起组织的分化。一些特殊功能的专业化部门建立起来,不同区位上的工厂建立,需要上层控制机构,遂分离出总部,执行规划与协调空间上不同功能的企业。阶段三时,随着企业增大和多样化及空间上进一步扩展,企业遂按功能与区域形成多系统、多等级组织机构体系。其中高层为管理、战略决策;中层为协调、控制和专业管理;基层为企业日常运作管理。

(四)企业空间演变模式

学者们基于对企业空间增长的研究,抽象概括的空间演变模式如下:

1. 沃茨的市场扩大模式。该模式是以研究英国酿造业变化而得出。假设研究区域城镇均匀分布,各镇都有一个公司,每公司只有一个生产厂,各厂产品相同,各自在其市场区内销售。但城镇人口规模不同,各厂生产规模不同。加上各厂工具不同,各厂成本出现差异,出现竞争优势的厂增长较快。经过四个阶段,由原来的 25 个厂缩为 4 个工厂(图 7-1)。

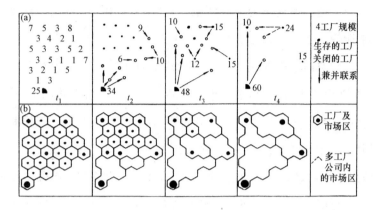

图 7-1　市场区扩大模式

(a)兼并与合理化调整;(b)市场区延伸

　　2.泰勒的组织变形及区域演化模式。该模式是泰勒根据英国炼铁业国内发展而得出。他把空间分为地方、区域、全国和多国四级。公司的建立往往以其建立者家乡、现存集聚地为选择区。公司建立后,其由地方向上空间扩大的组织变形要经活动空间、信息空间和决策空间三个门槛。空间扩展中,销售代理机构风险最低,建立销售部和仓库要较多资金,风险增大,建立区域生产中心投入更大、风险也更大。因此,在空间扩展中,往往是先建立代理机构,再建立销售部与仓库,最后才建立区域生产中心。其组织机构亦应随之建立,功能亦随时段而变化。

　　3.哈坎逊的全球扩张模式。该模式是公司由单厂、多厂,从本国向海外的扩张过程。其发展过程如图有四个阶段。第一阶段为单厂公司阶段。新公司往往建立于创立者的生活和工作地点。早期扩张都在最早中心区内。第二阶段为占领全国性市场的多工厂公司阶段。公司在中心区母工厂外设立新的生产厂,在中心区以外国内多地区设立销售部与销售分部,使销售控制全国。第三阶段为进入国际市场阶段。除陆续在国内设新的生产厂、销售部与分部外,在国外,根据地区情况,分别设立销售代理商和销售部与分部。第四阶段为在多国公司建立国外生产厂家阶段。除在国外继续扩大销售部及新建生产工厂外,为打进贸易壁垒国家,可以通过收购或兼并方式在该国设厂生产及设销售部以销售在该国生产的产品(图 7-2)。

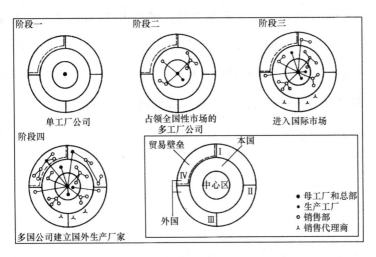

图 7-2　哈坎逊的公司全球扩张模式

4. 迪肯全球转移模式。该模式展示一制造业公司从仅在母国生产发展到在多国生产的理想演变过程。其过程分五个阶段。阶段一,总部、生产、销售机构均在国家1,通过出口供应国2与3市场。阶段二,海外扩张,在国4获许可证转让协议,生产跨国公司的产品,供应当地;在国2建销售部(子公司)。阶段三,为了进入新的产品市场,公司兼并本国一家公司,因而获得该公司在国3的原该公司的生产厂家;另外,在国2设立生产厂家;通过出口向国5扩展。阶段四,在国6与8设生产厂家;兼并国2、4、5、7的生产设施;兼并国4的原许可证生产企业;在海外国9建立销售子公司。阶段五,对国内、外生产经营的国际网络进行组织调整;5个工厂减至2个;12个海外工厂减至7个;对国2的3个工厂合为一大型厂,供国2、6、9市场及国1部分市场;对国2、5、7的生产厂分工完成某一特定阶段生产,并在国8组装为最终产品,从而建立一套垂直一体化的生产体系。由于上述的生产功能的调整,功能体系组织亦在配合中而出现地域上的空间调整,如图7-3所示。

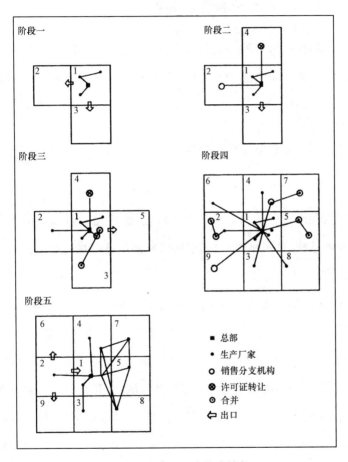

图 7-3 迪肯的全球转移模式

7.6　经济活动的区域分析

区域是经济地理学的核心。区域有大小之分,可形成不同的层次与等级,内有经济结构和空间结构,对外作为一个经济实体表现出特有的经济个性。

7.6.1　区域的结构与组织

区域经济结构是指一个区域内各经济单位间的内在经济、技术、制度及组织联系和数量关系。但是,经济地理对其中的产业结构、企业结构、技术结构、要素结构研究重点集中在产业结构对经济增长的作用上。

产业分类一般分三类:第一产业为农业、畜牧业、林业;第二产业为采矿业、制造业、建筑业;第三产业为商业、交通运输业、金融及保险业、服务业等。按功能分主导产业、关联产业和基础性产业。主导是指在经济增长中起组织和带动作用;关联是直接与主导产业在产品的投入产出、技术等方面的联系;基础是指为区域经济增长、社会发展、人民生活提供公共服务。还有按劳动、资源、资金与技术的密集来分产业。

(一)区域产业结构的演进

区域的产业结构随经济发展而变化。区域经济在农业经济时代,第一产业占主导地位,工业化后则第二产业占主导地位,到后工业社会时则是第三产业占主导地位。在工业化时期,初为劳动与资源密集型产业为主,随后则转向资金与技术密集型。产业结构的特点反映了经济发展的阶段与深度。

(二)区域空间结构

它是指各种经济活动在区域内的空间分布状态和空间组合形式。比如工业、商业等表现为点状,交通、通信表现为线状,农业则为面状。这些具有不同特质和经济意义的点、线、面依据经济技术联系和空间位置关系,相互联结在一起就形成了特定功能的区域空间结构。区域空间结构只有通过一定的空间组织形式才能把分散于地理空间的相关资源和要素联结起来,才能产生某种经济活动,并获得经济效益。

企业和城市是空间组织的重要形式。正是这类空间组织才使空间经济活动按经济规律有序地在点、线、面上活动起来。空间经济的活动结构表现出以下几种模式:1. 极核式空间结构。在区域中某种产业的经济活动在该区位与经济结构中处于优势,加上某种机遇获得较快发展形成增长极,使其在资金、技术、劳动力等方面具有强大吸引力,从而更加速发展,并对周边起着主导作用。2. 点轴式空间结构。在极核式空间结构基础上,不但其自身加速发展,并在与周边加强联系中形成互补关系,与周边点、轴形成经济活动密集区。3. 网络式空间结构。在原点轴空间结构基础上延伸出新的点、轴,最终在更大区域内形成网络式结构。

（三）区域空间组织的城市

产业经济活动的组织多集中于城市。从历史的角度看,城市是一个区域内第二、第三产业分化、独立发展,并在空间上趋于集中而形成的。因此,经济活动和经济组织的建立为城市的发展提供基础;另一方面,城市的发展又为经济活动和经济组织发展提供新的动力。一般说来,城市越大、经济水平越高,其经济力量就越强,产业结构就越复杂,经济组织就越多,在区域中的影响力与主导作用也就越大。所以,不论中、外,各国的城市无不把经济的发展、经济水平的提高、竞争力的加强放在重要地位。所以,空间经济研究中空间组织的城市应占重要地位。

7.6.2　区域间的经济发展

一个区域的发展在很大程度上就是内部变化及相关区域相互作用的共同结果。因此,研究一个区域的发展除了分析内部结构、组织、增长之外,还要分析相关区域对它的影响。下面分区域间经济发展理论、区际联系与区域经济协调进行阐述。

（一）区域间经济发展理论

1. 极化与涓滴效应理论。该理论认为发达区域与欠发达区域之间相互关系中,发达区域的发展会把欠发达区域的劳动力和资金吸引过去。此外,发达地区以产品精良通过贸易亦使欠发达区域在进出口中处于不利地位,影响其发展。但在这种情况下,欠发达区域由于劳动力的输出有利于就业压力缓解,加上经济往来,发达区域向欠发达区域购买商品和增加投资以及发达地区的先进技术、管理方式、价值观念等方面影响就会对欠发达区域发展起到推动作用。这一理论反映两区域先是极化效应后转化为涓滴效应。

2. 中心—外围理论。它是说明经济空间结构演变的理论。该理论认为若干区域之间因多种原因个别区域会率先发展而成"中心"，其他区域发展缓慢而为"外围"。中心居于统治地位，外围发展则依赖中心，二者关系存在不平等。中心与外围之间贸易不平等，中心加上经济权力集中，技术进步，高效生产，不断创新而获得优势与外围的剩余价值，并对外围发展产生压抑。外围的自发性发展过程困难因资金、人口流向中心而加重。

3. 依赖理论。该理论说明在发达的资本主义与落后的第三世界国家之间存在着一种依赖关系。前者利用其经济、技术优势，以及制订经贸游戏规则优势而对后者进行控制，剥削剩余价值，使后者在经贸活动中处于被动，形成对前者的依赖。所以，必须打破造成这种剩余价值转移链，第三世界国家才能政治上独立，经济上走向发达。

在依赖理论出现以后，又出现相互依赖理论，该理论认为发达国家与不发达国家经济上的相互依赖是客观存在，是双向的，其相互依赖内容与程度在不断变化。相互依赖中有消极作用，也有积极作用。消极作用发展会导致国家间的经济矛盾与冲突。应当有目的地采取措施、政策对相互依赖内容与程度进行干预，促进国家间互惠互利，化解矛盾，推动世界一体化。

（二）区域经济的协调

各区域与国家大小不同,资源条件不同,区位环境不同,加上发展历史与经济现状的不同,导致各区域、各国的区域经济差异是很大的,它不仅引起区域与国家间的差异增大,而且使经济发展的落后区域引发各种严重的经济、社会等方面问题,因此,各国与各区域都把协调经济发展、缩小差距、加速落后地区发展作为重要的迫切需要解决的问题。

7.7　第二次世界大战后全球工业格局与变化

工业革命从 18 世纪中叶开始在英国出现,经过两个世纪,到 20 世纪中期,即第二次世界大战结束后,工业化地区还只限于欧洲、美国、加拿大、日本以及苏联等地。其工业化地区人口大体占当时世界人口的五分之一强。总的来说进展的速度并不很快。但是,第二次世界大战以后至今,世界工业化的进展却发生了新变化。

7.7.1　工业化在发达国家的变化

一战前美国的工业产值已居世界第一。在两次世界战争中,美国虽然最后都参战,但战火并未波及其本土。美国工业不但未遭破坏,反而得到更快发展。到 1950 年,美国国内生产总值是苏联的 3 倍、英国的 5.4 倍、法国的 7.6 倍。德国和日本工业遭战火受到毁灭性打击,美国当时已把其他国家远远甩在后面。到 1980 年,由于欧洲的复兴,日本重新发展,苏联的增长,美国国内生产总值为苏联的 2.15 倍、英国的 5.85 倍、法国的 3.9 倍。这时,欧洲一体化进程持续推进,已出现 12 个国家组成的欧共体,其生产总值已超过美国,但人口总数大于美国,人均还低于美国。日本虽然在 1950 年国内生产总值仅为美国的 8.4%,但是,由于美国的扶持,加上自身的努力,到 1980 年则达到美国的 44.8%。苏联到 1980 年,与美国相比,尽管已从 1950 年国内生产总值为美国 28% 提高到 46%,但已是强弩之末,增长乏力。1980 年后,苏联经济遇到困境,终于在 20 世纪 90 年代初解体。

7.7.2 工业化在发展中国家的进展

二战结束时,由于亚洲国家遭战火破坏,处境困难。非洲仍在殖民主义统治下争取独立,只有拉丁美洲因没有遭受战火,加上早已独立,而且资源丰富,人口压力不大,是发展的最佳之时。当时,拉美不少国家多采取进口替代政策启动工业化。开始时,将原料留在国内,生产商品供应市场以替代进口商品,结果国内生产上升、进口下降。但是,这种方式,减少出口,使外汇紧缺,无法购买先进技术、设备与必要原料,加上关税保护下,技术改进慢。这样,由于生产落后,拉大了与国外差距,扩大生产遇到困难,工业化速度下降。

在东亚,由于朝鲜战争与越南战争的刺激,先是日本得到机会在 20 世纪 50 年代就很快经过恢复走上发展道路。接着韩国、中国台湾地区、中国香港地区、新加坡走上加工、出口的生产发展道路。这些国家和地区,面积小、资源缺,在美国的支持下,遂走上出口导向的经济道路。这样,充分利用自己的劳动力,市场在外,可以获得外汇。在此基础上,再提升技术,从劳动密集型转向资金、技术密集型,融入世界,走上工业化道路。到了 20 世纪 80 年代,中美关系改善,中国实行改革开放,在沿海地区设立经济特区,实行出口导向政策。

东亚所实行的出口导向型经济,为发展中国家走向工业化探索出一条新路。它的经验说明:(1)在资本主义已控制世界市场的情况下,只有参与这个市场才可以利用这个市场来发展自己。(2)发展中国家,只有从劳动密集型工业开始,以充分发挥自己劳动力的资源优势。(3)只有在发达国家产业已转向资金、技术密集型工业,其国内劳动力成本过高与愿意让出国内市场,和一些国家和地区主动将其劳动密集型产业向外转移之时,才给发展中国家提供机遇。

7.7.3 产业布局的新变化

东亚地区实行出口导向政策,使韩国、中国台湾地区、中国香港地区、新加坡、马来西亚、泰国、菲律宾、印尼、中国内地走向工业化道路,使世界产业布局发生极大的新变化。

(一)纺织业与成衣业

西方国家工业化,亦多从劳动密集型的纺织工业开始,英国、美国、日本莫不如此。二战后,发达国家技术的发展,多转向资金、技术密集型产业,加上劳动力成本上升,开始将纺织、成衣业向外转移。例如,以 1980 年成衣产量为 100 计,到 1992 年,北美降为 88,西欧降为 73;而亚洲则增长为 145。到 20 世纪末,中国成为世界纺织、成衣业的中心,就业工人以千万计。

(二)汽车制造业

1960 年,汽车制造业产量在北美和西欧分别占世界主要国家产量 124.4 万辆的 56% 与 42%。到 1991 年,北美、西欧与日韩总产量分别占世界汽车量的 401.5 万辆的 26%、36% 与 37%。这说明,欧、美已不占优势,亚洲已占重要地位。在 1991 年,中国汽车产量很小,在世界毫无地位,到 2010 年前后,产量达千万辆,成为世界上西欧、北美、日韩超千万以外的另一个千万级中心。中国是以劳动力优势生产零部件开始,再以汽车在中国普及而产生的市场优势促进汽车业向中国的转移。

(三)微电子工业

微电子工业是 20 世纪后期才发展起来的高新技术产业。该工业的研发和关键性元部件的生产正形成垄断,都在少数发达国家,如美、日等国。而一般元部件生产则分散于少数国家,组装的成品则因需手工操作,遂多转向劳动力价格低廉、供应充足的国家。例如电视机,在 1978 年,日、美、中国分别占世界总产量的 21.7%、15.4%、0.9%,到 1990 年,则分别为 11.7%、10.6%、24%。日、美大减,而中国大增。在计算机产业中亦如此,中国逐渐成为世界上笔记本电脑的重要组装国。

综上可见,世界贸易的自由,世界市场的发展,跨国公司的运行,一些产业链条从一国区位走向世界,使每个节点寻求其最佳区位,使产业的利益最大化。

7.7.4　工业化在全球的扩展

东亚出现的出口导向带来的工业化新途径,始于韩国、中国台湾地区、中国香港地区与新加坡,人称亚洲四小龙。四小龙总人口约为7 000万。虽引起人们注意,但对发达国家只是一种补充。中国内地的改革开放,实行出口导向,是几亿劳动力在生产,它形成的是一种全球工业化浪潮。它一方面使发达国家加速让出劳动密集型产品市场,加快产业提升,同时,也促进发达国家资金、技术密集型优势产品出口。另一方面使中国的发展带动亚、非、拉发展中国家各种原料的出口增加,价格上升。不仅使这些国家从原料出口中增加收入、活跃经济、提高生活水平,而且也推动其工业化发展。

中国、印度、巴西、俄罗斯四国经济的高速增长,被称为金砖四国,特别是前三个属发展中国家,以其占世界40%左右的人口推动世界的发展中国家一起进入工业化,将会给世界经济的未来带来什么样的变化是可以想象的。届时,世界工业区的区位变化将会是一个新的面貌。对经济地理来说,最重要的就是要从世界背景下关注产业链的形成,各个环节的分布、作用与相互联系。

第8章 城 市 地 理

城市是人类历史发展的一个重要标志。根据学者们的研究,认为在农业出现后,经济有了一定的发展,社会出现分工,导致了国家、城市、文字、青铜器的出现。城市多是在自然、经济、文化综合作用下而发展的。近年来,人们通过研究逐步认识了城市的发展因素的关系,于是就根据这些因素来规划、设计城市。正是因为地理是城市发展中一个重要因素,所以,在地理学中也就出现城市与地理中诸因素关系的城市地理学。

8.1 城市的起源和发展

8.1.1 城市的特点

"城市"两个字,"城"是指用土、石和砖等筑成墙围绕人口聚居的聚落。这正如古书中所说:"筑城以卫君,造廓以守民。"它说明筑城目的是防守。"市"是指集中买卖商品的固定场所,后来发展出现固定建筑的店铺。原来市在城外,后在城内。"城"与"市"二字的结合说明城市的功能是为一群固定居所的人群提供安全与交换以保证其正常生活以使该群体对周围地区进行控制和管理。

随着历史的发展,城市的功能、结构、形态不断发生变化。从地理学角度看,城市是一种劳动地域分工现象;社会学家把城市看做社会化的产物;经济学家认为城市是人口和经济活动在空间上的集聚;建筑学家把城市当做是多建筑形式因功能而在空间上的集合。所以城市是多学科的研究对象。

8.1.2 城市的起源和发展

在狩猎阶段,人类不断游荡。农业出现后,人类出于对粮食的依赖,开始转入定居。约公元前 7000—前 6100 年,西亚已发现遗下的农业村落,有泥土墙、芦苇屋顶。我国在湖南澧县彭头山遗址中发现约公元前 6000 年的稻作农业的村落遗址。

(一)世界上早期的城市兴起地区

世界上最早的城市出现于尼罗河下游、美索布达米亚、印度河流域、黄河中下游及中美洲地区。

尼罗河下游的埃及,城市出现在大约公元前 3200 年。埃及第一个王朝首都,因土坯墙涂为白色称白城。其第 12 王朝的卡宏城,在城墙内发现有贵族区、贫民区。乌尔城,其建于公元前 2200—前 2100 年,城内有塔庙、神殿和王宫。印度河上的哈拉帕和摩亨佐达罗两大城市建于约公元前 2550—前 2000 年,城内有宫廷、兵营、整齐的街道。

据考古挖掘，我国的城市在夏时已有，郑州所发现的商城为公元前 1500 年。除发现房基外，还有铜器、陶器作坊。

在拉丁美洲，墨西哥首都东北发现有公元前 3 世纪的巨大金字塔组成的礼仪中心。在危地马拉的玛雅古城蒂卡尔有建于公元初期金字塔式的神庙、宫殿等建筑。

（二）西方城市的发展

西方城市始于希腊、罗马。希腊是城邦制度，每个城市都是城邦国家的中心。雅典就是该城邦的首都城市。城中有宫殿所在的卫城及许多公共活动的广场、剧院等。罗马帝国统治时期，城市获得更大发展，帝国首都罗马有豪华的宫殿、宏伟的庙宇、剧场、斗兽场、剧院、公共浴室等建筑。

罗马帝国衰落后，欧洲进入封建领主庄园制，庄园的领主过着自给自足的生活，住在农村有防卫功能的地势险要的城堡中。城市不但没有发展而且处于衰落。著名的罗马城降为农业聚落。后来，随着农业经济发展、商品交换的需求，经商的自由民组织起来，以交纳租税获得土地，进行商业活动，进而形成城市，实行自我管理，建立城市自身的经济、行政、军事组织，对城市发展起了重要作用。

文艺复兴以后，原来弱势的君主与城市市民阶级结合，向封建主进行斗争，适应发展要求，组成民族的中央集权的君主国家。城市遂由于统一国家出现，经济发展迅速，促使城市，特别是首都有了很大发展，这时的宫廷、教堂、公共建筑等成了时代的象征。

工业化时代，工业向城市集中，城市规模迅速扩大，交通工具

（马车、电车、小汽车）和建筑技术的发展使城市规模、建筑高度有了很大变化，成为经济繁荣与国家力量的标志。百万人口以上城市及城市群大大加速城市化，使城市人口占发达国家总人口中的70％—80％。

（三）中国城市的发展

在春秋、战国时期，中国一些城市不仅大而坚固，而且商业十分繁荣。秦以后的西汉、东汉的首都长安、洛阳亦属这类城市，地方上的区域中心，如成都、建康（南京）亦发展起来。唐、宋时期，南方已发展起来，全国商业繁荣。宋的开封城内店铺相连，十里长街的繁荣景象可以从《清明上河图》中得到印证。南宋杭州，人口达120万，是当时世界人口最多的大城市。明、清时，长江下游等地水运的发展，农村手工业的繁荣，城镇群已开始出现。在城市中官署与宫殿建筑十分宏伟。今天的北京城是在元大都总体设计下建设的，故宫是明在元基础上建的。其布局的前朝后市、左祖右社，加上后面的钟楼、鼓楼与分列南、北、东、西的天坛、地坛、日坛与月坛，不仅是建筑上的精品，又是中华文化的象征。

鸦片战争后，帝国主义入侵，使我国城市发展有了新变化。首先是向沿海集中，沿铁路发展，其次以工、商与矿业为动力，再有在建设方面吸收西方经验，宽阔的马路、广场、公园、西方样式的高层建筑出现在沿海的租界地区。

1949年，中华人民共和国成立后，国家经济迅速发展，城市规划制定，城市建设进入计划阶段，特别是从1970年代末以来，在改革开放政策指引下,使城市的规模、格局、形象等不仅有根本性变化,而且进入了世界先进国家的行列。

8.2　城市的区位和城址与自然环境的关系

城市虽然是一种人文景观,但是,它所在区位与所选的城址却在很多方面受到自然环境的影响和制约。

8.2.1　从防卫出发而选择的区位

城市在起始时的基本特征就是它周围有城墙,其目的在于防守。很多大城市在开始时,大多考虑如何利用地理条件以增强其防卫能力。

（一）利用河流

为增强城的防卫能力,除建有高大宽厚的城墙外,还在城的外侧挖了一道宽而深的沟,里面灌满了水,称为护城河,让攻击的敌人难以接近城墙。

比护城河更大的水体——天然河流,更值得利用。对防守最有利的地方是河心岛,等于四周有一道更宽更深的护城河。在河流汇合处,或三面环水的半岛亦都是值得利用的区位。法国巴黎就是在罗马人利用塞纳河中小岛建立的军事设施基础上发展起来的。

（二）利用海洋

具有利用海洋作为防卫的有利条件的有半岛、离岸岛、内港。

半岛三面环水,一面与陆地相连,是对海上来敌进行攻守的有利区位。美国麻省的波士顿就是因此而发展起来的。离岸岛四面环水,是海边敌我双方攻守所利用的最好区位。香港就是因此特殊区位而在鸦片战争后被英国强占。

(三)利用制高点和隘口

"居高临下"和"一夫当关,万夫莫开"是对制高点和隘口地形险要的生动描述。希腊雅典卫城就是岩丘平坦顶修建而成。隘口设关是兵家必选之地。我国的潼关和娘子关就是利用隘口建关以防守。

8.2.2　城市区位与交通关系

城市是商品集散之地,而商品集散是要靠交通运输条件来实现的。因此,城市的区位与交通联系路线和网络有关。路线越长,网络联系面越广,城市就越大,其经济地位就越重要。

(一)城市水运的关系

水运发展得比较早,船只运量大,靠风力、水力,省力、便宜,所以其地位比较重要。我国古代繁荣的大城市,很多都与大江、大河及运河有关。黄河上的洛阳、开封,长江上的荆州、建康(今南京),运河两头的北京、杭州就是最好明证。

(二)城市与陆运的关系

过去陆运多是牲畜驮或拉车,速度慢,运量小。火车、汽车发明以后,情况大变,促进了陆运沿线城市的大发展。我国北方河流缺水,可利用水运河流不多,城市多靠陆运,例如北京到汉口沿线的保定、邯郸、安阳、许昌、信阳等都是历史上的古城,正是因南北陆运大道而发展,铁路出现后,又获得新的发展。

（三）海上交通与城市

海上交通发展比较早,但船小受风浪制约,加上缺乏参考点导航,长途运量少,发展缓慢。中国罗盘的应用,新航路发现,海上贸易发展,船舶的增大,机械动力的使用,使海运成为当前各国之间商品交换量最大的运输方式,特别是集装箱的应用、大油轮的制造,海洋成了最繁忙的货运通道。正是如此,便把世界大城市吸引到海边。中国的上海、日本的东京、美国的纽约、英国的伦敦、西欧的鹿特丹,都是世界级大城市,又都与海港、海洋运输有关。

8.2.3　城市的城址与环境的关系

（一）地质条件与城址关系

地质条件中最突出的是地震。地震的特点是在造成灾害上力量大、突然性强。至今,对地震灾害仍无法准确预测其发生时间。防止地震要提高防震标准,减少损失。处在严重地震带上的城市只能移址重建。

（二）地貌条件与城址关系

城址最理想的标准是地面平坦,基础稳定,地势较高。但是,这种条件并不是到处存在。例如,香港山地多,坡度大,平坦土地很少,香港多用填海造陆的办法解决城市用地问题。深圳丘陵面积大,但丘陵不高、风化壳在高温多雨下较为发育,所以采用铲平的办法以提供平坦的建设用地。

（三）气候条件与城址关系

气候与城址的关系方面,在炎热气候地区,城市建设要利用风向将新鲜与温度较低的气流引进城市以减低城市的温度与湿度。另外,要在建筑物、街道与广场布局上设法避免城市因辐射强而增温的"热岛效应"。

（四）水文与城址关系

城市的生产生活需要大量的供水,又有大量的排水。在供水方面,要调查水源,要设法利用天然水体,或水库蓄水与利用地下水以保证供水。另外,要使所产生的废水,经处理再排放,不应使废水破坏环境,影响下游地区。

另外,还要注意河流洪水、城市短期暴雨所造成的瞬间洪水以及冰凌造成的洪水对城市造成的灾害。

地下水开采过多,也会引起地面的沉降。沿海城市要注意风暴引起的海水上涨所带来的灾害。

（五）城市的生物环境

城市完全是一种人文景观取代自然景观。由于没有注意吸引自然景观的有益部分,造成城市很多地方与环境的不协调。为此,最早在城市出现了一些具有自然特征的绿色广场。后来,在城市中建立公园,绿化街道,布置花坛、草坪、水面,给一些水禽、鸟类和小动物创造生存环境。这些不仅给人文景观增加些自然景观色彩、改善城市环境,更重要的是培养人类应与生物环境自然和谐相处的意识和行为,让人们知道人类自身是环境中的一员。

8.3 城市空间结构与人文因素关系

城市的空间结构与人文因素的关系可以分城市之间与城市内部两部分予以阐述。

8.3.1 城市之间的空间结构与人文因素关系

城市有大小之分。大的有国际性大都市,人口以千万计,小的只有几万人,其彼此之间在空间上的相互联系亦如工业区位论一样,出现了中心地学说,揭示其空间结构上人文因素的作用。

20世纪30年代,德国地理学家克利斯塔勒根据德国南部城镇调查,提出不同规模的服务中心在空间上的关系,称之为中心地理论。该理论假定在环境条件(自然的和人文的)一致的平原地区,地区内交通条件都比较方便,商品的生产者和销售者以谋求最大利润为目的,消费者购物以就近(可少付交通费)便宜为目的。这样,属于最低等级的服务中心必然以等距离分布,其各自服务范围是以两中心距离的1/2为半径形成的圆。多个这类同等级的中心地的排列呈相互交错,各中心点与附近点联起来就形成六边形。但是,以服务半径的圆之间存在服务不到的地区,为此实际必然为避免盲区,存在重复区,重复区一分为二,分别属相近的中心服务区。如此,围绕中心的服务区是六边形,而不是圆形。其上一级的服务中心的服务区就是叠加下一级小六边形服务区上的大六边形服务区。依次类推,六边形服务区越大,其中心的城市等级也就越高(图 8-1)。从面积计,上一级中心的服务区面积是下一级的三倍。中心地理论是以市场最优出发而形成的。后又经修改,而有交通最优与行政最优的中心地理论。交通最优是指交通网线最经济合理的前提下,两个同级的中心地之间交通联线中心处形成下一个次级中心。因此,许多小城镇可能位于较大城市间的交通线上。行政最优是指最便于行政管理中心地体系应由彼此距离相等,均匀分布于

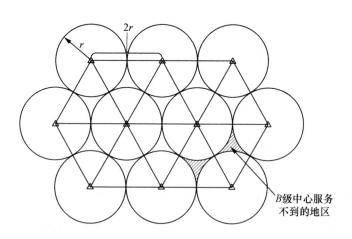

图 8-1　圆形市场区最有效的排列和中心地的等边三角形网络

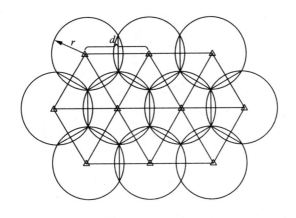

图 8-2　圆形市场区的重叠和六边形网络的形成

国家(地区)的基层单位组成。各行政区都位于六边形的中心点,基层行政区位于六角形各角(图 8-2)。

　　在现实中,市场中心、交通中心、行政中心往往是结合成一体而成为不同等级的城市,在一个地区形成城镇体系。这种城市体系,加上自然条件,因而各地各不相同,但是,仍能反映出上述三个最优原则影响(图 8-3)。例如,江西省是受鄱阳湖、赣江影响,形成一个完整的自然区。其最大城市是南昌市(省级市),位于北部的中心。其周边的地级市景德镇、鹰潭、临川、新余、九江恰好均匀分布于距南昌近乎相等距离处。只有吉安、赣州两地级市位于省的中部与南部。它体现了市场优先与行政优先原则。江西的地级市大都位于铁路、水路交通线上,亦体现交通优先原则(图 8-4)。

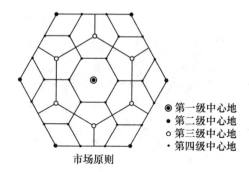

◎ 第一级中心地
● 第二级中心地
○ 第三级中心地
· 第四级中心地

市场原则

图 8-3　克利斯塔勒的中心地体系模式图

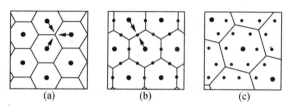

(a)　　　　　(b)　　　　　(c)

图 8-4　中心地体系的三种排列组织形式

(a)为市场最优原则;(b)为交通最优原则;(c)为行政最优原则

8.3.2　城市内部的空间结构与人文因素关系

(一)形成内部空间结构的动力

在城市内部影响其空间结构的动力有向心的集聚力与向外的离散力。

驱使向城市中心集聚有两种原因。第一是交通方便。城市中心的距离对城市各个方向来说,是较近的、方便的和便宜的。正是这个优点,它吸引城内各方向的顾客,是最好的商业区位。顾客多了,也把别的服务部门,如饮食、交通、宾馆、娱乐、邮电、通信、银行等吸引过来。其次是心理原因,城市中心因集聚的商业与服务业的等级高,形成了高知名度,结果很多重要活动集中于此。上述两种原因相互起作用,形成了强大向心集聚力。

当集聚力吸引了大量的人群、车辆,必然使交通拥挤和人群密集,使环境质量与服务效益下降,接着顾客减少、商店利润下降。在这种情况下,富有阶级开始转向郊区,那里环境幽雅,虽然离城市中心较远,但小汽车代步可予以弥补。接着一些服务业随之外迁,加上中、下收入阶层填补到中心地区,使城市中心的吸引力亦随之下降。这时中心地区衰落,需要一种新的集聚力才能扭转局势。

(二) 内部空间结构的模型

城市内部空间结构的模型有以下三种。

1. 同心圆模型。1929 年美国芝加哥大学社会学家伯吉斯以芝加哥研究为依据提出。该模型为五个同心圆带。第一带是中心商务区,是城市核心,高层建筑集中,交通汇集,重要商店、办公机构、银行、酒店等亦集于此地。第二带是过渡,以商业和住宅混合为特点,为中、低收入阶层住地。第三带是工人住宅带。第四带是中产阶层住宅带。第五带是通勤带,是城乡交错带,高收入阶层居花园单户住宅,驾车上班(图 8-5)。

2. 扇形模型。该模型是美国社会学家霍伊特于 1939 年根据

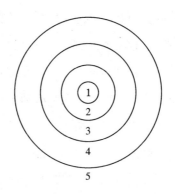

1. 中心商业区；　　　2. 过渡性地带；
3. 工人阶级住宅区；　4. 中产阶级住宅区；
5. 高级或通勤人士住宅区

图 8-5　伯吉斯的同心环模式

城市住房租金研究提出的。他认为美国城市住房租金等级因受交通线影响形成扇形，不成圆形。其模型分四区：一是中心商务区位于城市中心，二是高租金住宅区，三是中等租金住宅区，四是低租金住宅区。在环境优美地区，地租高，对富有阶层有吸引力。其两边是中等租金住宅区，再向外则是低租金住宅区(图 8-6)。

　3. 多核模型。该模型是美国社会学家哈里斯和厄尔曼根据不断扩大城市研究于 1945 年完整提出的。由于城市迅速扩大，多样化功能不断出现，所以在空间上呈现出特殊空间结构。例如商业区需要方便交通，特别是与高、中阶层住宅区联系；银行业与商业、批发业的联系(图 8-7)。

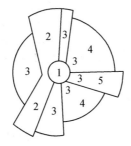

1. 中心商业区；　2. 批发和轻工业带；
3. 低收入住宅区；　4. 中收入住宅区；
5. 高收入住宅区

图 8-6　霍伊特的扇形模式

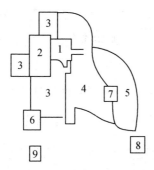

1. 中心商业区；　　2. 批发与轻工业带；　3. 低收入住宅区；
4. 中收入住宅区；　5. 高收入住宅区；　　6. 重工业区；
7. 卫星商业区；　　8. 近郊住宅区；　　　9. 近郊工业区

图 8-7　哈里斯、厄尔曼的多中心模式

以上三种模型反映的时代不同,同心圆是 20 世纪早期,扇形是小汽车时代,多核是城市其后的迅速扩展期。

8.4 城市化类型与当今城市化特点

8.4.1 城市化的类型

城市化是农业人口转向城市与城市随着人口的增加,其经济生产与服务不断扩大和变化,景观上的外延与提升的过程。农业人口向城市的转移,是人口过剩的压力下向城市谋生。当农村剩余劳动力不多,则需要城市在技术、资金、人才支持下提高生产率,才能使节余劳动转向城市。城市在劳动力不断增加的情况下,产业结构才能转型与提升。城市景观随城市扩大而在空间上外延,在外貌上多样。

一般说来,农村人口的进入城市与城市的空间外延、内部结构变化是相互协调的,这种城市化属正常化的类型。如果当农村的人口主要是在劳动力过剩压力下而大量涌向城市,而城市还没有能力接受这些劳动力大部分就业时,则城市会居住着大批没有被纳入城市化的人。这种情况称之为假城市化类型。如农村人口向城市集中而城市化景观亦在外延,但城市经济负担过重,发展速度减缓,则称之为过度城市化类型。后两种类型多出现在非洲与拉美一些经济发展缓慢而人口增加过快的国家。

8.4.2 当今城市化特点

当今世界城市化的特点如下：

（一）城市化的速度快

1950 年，世界城市化水平为 29.2％，到 2000 年为 46.6％，增加 17.4％。发达国家由 53.8％增到 74.4％，增加 20.6％。发展中国家由 17％增到 39.3％，增加 22.3％。表面看二者增加的百分比差不多。但实际上，到 2000 年，城市人口发达国家增加了 5.03 亿，比 1950 年只增 1.1 倍；发展中国家增加了 16.17 亿，比 1950 年增 5.6 倍。可见，发展中国家城市化速度是十分快的。

（二）大城市化趋势明显，大都市带出现

世界百万人口以上的特大城市，1960 年只有 114 个，到 2000 年有 408 个，增 2.57 倍。占世界总人口数由 29.5％增至 40.8％。其中 400 万人口以上城市由 19 个增到 66 个，增 2.47 倍。目前，世界已出现美国东北、日本东海到太平洋沿岸、欧洲西北、中国长江三角洲等 6 个大都市带。正在出现的还有 3 个。

（三）发达国家出现郊区城市化、逆城市化和再城市化

发达国家城市化已达到相应高度，不但增速缓慢，更重要的是出现一些新变化。由于城市中地价上升，环境质量变化，汽车大量增加，居民开始转向郊区，而商业、服务业与工厂随之外迁。这种现象称为郊区城市化。当人口继续外迁，整个城市出现人口负增长，而中心经济亦出现衰落。对此，学者称其为逆城市化。面对经济结

构老化、人口减少，一些城市积极调整产业结构，发展高科技与第三产业，使城市出现新的增长，使一些年轻专业人员回城。这就是再城市化现象。

（四）发展中国家农村人口在加速向城市转移

发展中国家农村劳动力剩余仍很严重，到城市去谋生是重要的出路。此称为生计城市化。到城市的移民，不能充分就业，集聚在贫民窟，沿街摆摊现象突出。这种现象，在大城市往往比中、小城市严重。

第9章 旅 游 地 理

　　旅游地理是第二次世界大战后，特别是 20 世纪 60 年代以后，才在世界上兴起的旅游热的高潮中诞生的。它发展很快，不少地理学家参与了这项工作与研究，遂在地理学中出现一个新的分支学科——旅游地理学。在《中国大百科全书（地理卷）》中，将该学科列为经济地理学下的一个分支。下面将对这一新学科内容予以简要介绍。

9.1　旅游业的兴起

　　旅游活动是随着人类社会的发展而出现的。它有很长的历史。早在公元前 3000 年，古埃及的金字塔就吸引人们去拜访。到古希腊、古罗马时代，各城邦、国家之间随着政治、经贸、宗教与军事的发展，人们借机到各处考察、旅游，特别是一些学者，因此留下不少宝贵的地理与旅游记录。到了 15、16 世纪，为了帝国的扩张，在地球是个球体的地理观的指导下，到海外去发展贸易的推动，新大陆、新航路的发现，大大促进了对世界的探险活动。这不仅大大开阔了人们的地理视野，增加人们对外界的认识，也对旅游活动的发展起到促进作用。不过,这时的旅游活动很少单独进行,多是结合商业贸易和学术探险进行。

西汉时司马迁为撰写《史记》而遍游各地,张骞为打通西域而走遍天山南北。玄奘去印度取经写下其旅程的记录。明时,徐霞客纯为旅游目的,游遍20多个省区,留下专著《徐霞客游记》。

在二战以前,世界旅游受当时海上交通主要为船,速度慢、时间长、费用高的限制,故只限于富有阶层,人数少,旅游业在经济中地位不高。到20世纪60年代,世界发达国家经济处于繁荣期,便宜的石油,载客量大的飞机出现,票价低,中产阶级进入旅游活动,使旅游业发生根本性变化。据世界旅游组织调查,1979年,全球旅游人数为23.7亿人次。到1983年,为35亿人次,参加旅游人数占全球人口总数的70％。1993年,世界各国的旅游收入接近35 000亿美元,成为世界最大的产业。1996年,我国旅游业创汇102亿美元,国内旅游业收入达1 638亿元人民币。至1997年底,全国已有23个省、市将旅游业作为该地的支柱产业或先导产业。

9.2 旅游的区域特征

9.2.1 客源地与目的地

旅游业是指为旅游者自居住地到目的地,再回到居住地的旅游活动全过程服务的全部相关企业的总和。旅游表现为客流和信息流在客源地和目的地之间的流动，反映了一种特殊的区域关系。其系统的构成要素有：旅游主体——旅游者；旅游客体——旅游产品；旅游媒介——旅游业和贯穿在其中的旅游活动。旅游系统是客源地与目的地通过旅游通道相互作用的一个空间系统，它具有地域上和功能上的完整性，如图 9-1 所示。

（一）客源地

客源地是指游客的来源地。客源地的形成是经济发展的产物。从旅游的动机来看，它是一种高层次的需要，是人们在满足了吃、穿、住、行及安全感等多种基本需要之后才产生的。有了动机，还要有自由支配收入和闲暇时间两个条件才可以使潜在动机得以实现。这两个条件只有经济发展到一定水平时才有可能。因此，从国家来

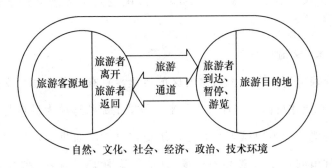

图 9-1　旅游系统

（据 Leiper）

说,客源地出现在经济发达、生活水平比较高的国家,如西欧、北美和日本诸国。对国内来说,发展中国家客源多出现在收入较高的城市和地区。

（二）目的地

目的地是旅游吸引物较集中、有旅游接待服务设施和具备旅游功能,出现旅游流向的区域。世界主要旅游目的地有地中海、加勒比海、东南亚、肯尼亚和阿尔卑斯山地。地中海、加勒比海和东南亚都是与西欧、美国、日本客源地相对应的旅游地。它们共同的特点是海岸、阳光、沙滩,特别是夏季,这里是海洋气候,没有酷暑,不仅可以欣赏海岸风光,还可游泳休闲,是三 S(Sea、Sand、Shine,海洋、沙滩、阳光)所在地。地中海由于冬天气温低而多雨,遂由肯尼亚与阿尔卑斯山代替。前者为无寒冬的热带,后者是冬季滑雪的胜地。除去上述休闲风光的目的地外,还有些历史古迹胜地。如埃及金字塔,中国长城、故宫,意大利的罗马古城也是世界著名的旅游目的地。

（三）交通连接

交通是连接客源地与旅游区的桥梁。只有有了方便的交通条件,旅游业才可以顺利地发展起来。特别是那些远离大城市与发达国家的优美的山川风光与著名的历史古迹。例如我国四川的九寨沟与甘肃的敦煌,原来没有机场,只靠汽车,距离长、路况差,对游客是很大限制,有了机场以后,对吸引国内外游客起很大作用。因此,交通与食宿条件是发展旅游业不可忽视的重要条件。

9.2.2　客源地与目的地关系

客源地与目的地的关系一般可以分为三种。

第一种是客源地与目的地是一致的。这一地既是客源地又是目的地。如西欧、美国和日本是世界旅游外出的重要客源地，又是吸引游客的目的地。我国的北京与长三角既是我国客源地的主体，又是吸引游客的重要目的地。

第二种是客源地与目的地相对应。如前述的西欧、北美、日本和地中海、加勒比海、东南亚形成客源地与目的地的对应。这种情况，发达国家与发展中国家在旅游业上体现得相当明显。

第三种是客源地与目的地的分散与集中。如一地的游客来源是四面八方，而一地的居民出游目的地也是十分分散缺乏重点地区。这一特点和旅游业服务设施的建设与营销策略选择上关系十分密切。

9.3　旅游者的动机与决策

9.3.1　旅游动机分类及影响因素

（一）旅游动机的类型

旅游者的行为决策是一个复杂的过程，其动机是直接推动一个人进行旅游活动的内部动力。旅游动机是非常丰富而复杂的，大体上可以分为四类。

第一类为心情动机。人们由于思乡之心、交际之心与信仰之心而推动其旅游的属此类。

第二类为身体动机。人们从身体的需要出发,如治疗需求、保养需求和运动需求而进行旅游活动的称为身体动机。

第三类为精神动机。例如人们为知识需求、见闻需求与快乐需求的动机可以称为精神动机。

第四类为经济动机。例如为购物或其他商用目的而使之旅游的列为经济动机。

根据我国国家旅游局 1996 年的抽样调查,其结果为休闲度假 48.9%,探亲访友 20.4%,会议 9.3%,商务 5.1%,交流访问、宗教 1.61%,健康疗养 1.11%,其他 9.3%。

(二) 影响动机的因素

影响动机的因素有个人因素与社会因素两类。

个人因素中指性别、年龄与身体状况、经济能力、余暇时间和心理因素。男女性别在家庭与社会中的地位不同,其旅游动机亦有差别。如男性多主动性、冒险性和猎奇,女性多被动、求实,使之在选择旅游地、价格等方面有差异。在年龄方面,年轻人多好动、好奇,中年人多务实,老年人多注意健康,喜清静。经济能力方面如条件好则选择性较大,否则选择性就有限。余暇时间对中年人因工作事务多,旅游多借其他活动进行。心理因素则因人而异。

社会因素方面是指社会的政治、经济、文化及治安等因素对旅游动机有深刻影响。例如，一个国家与另一个国家的政治与经贸关系对旅游动机影响甚大，如政治关系好，经济贸易往来多，则旅游动机亦会增加，促进双方的旅游；反之，则旅游动机会受到限制。在文化方面，如文化有密切联系或有鲜明对比都可能激发旅游动机。例如我国在国外的大量华侨和华裔对中华文化的同源引发他的寻根回国旅游。西方人士，往往对东方文化的好奇亦是吸引他来华旅游的动机。

9.3.2　影响决策的主要动机

在旅游者作出决策之前，往往收集或注意有关信息，然后根据自己的偏好作出决策，此过程称之为决策行为。影响决策行为的因素有感知环境、最大效益和偏好。

人们把进行旅游决策时收集到的各种信息摄入大脑，形成对环境的整体印象，这就是感知环境。特别是观光性的旅游景点，给人的整体印象好坏，对决策十分重要。最大效益是指在一定的花费与时间内，一条旅行路线，不但涉及感知环境，还有所享受的景点多少，景点的知名度和旅途的优待等，往往人们选择自己所认为的最大效益的路线与景点（景区）。最后影响决策的是决策者本人的偏好。偏好往往与年龄、职业、学历、文化背景有关。

9.4 旅游资源与旅游地

旅游业所依赖的就是把旅游资源变为旅游产品出售给旅游者。因此,对旅游业来说,首先考虑的是旅游资源。关于旅游资源应当具备两个条件:一个是对旅游者具有一定的吸引力,能使旅游者得到一定的物质享受和精神满足;另一个是对旅游业具有一定的经济、社会与文化价值,能给旅游业带来一定的经济效益与社会效益。

9.4.1 旅游资源

旅游资源大体分为自然风景旅游资源和人文景观旅游资源。

(一)自然风景旅游资源

自然风景旅游资源指未利用的能使人产生美感的自然环境及其景象地域组合。

1. 山光水色。山和水是构成风景的基本要素。山体往往是构成风景的骨架,例如华山的悬崖峭壁、泰山的浑圆石壁、张家界的柱状峰林,都是以山体特殊形态而著名。对水来说,有江河、湖泊、溪流飞泉,以各种动态而出色。特别是山水的各种结合,山光水色融为一体加上繁茂的草木、鲜艳的花朵,使山水的自然资源组合始终在自然风景旅游资源中占据首位。

2. 奇石异洞。奇石异洞不仅吸引观光的旅游者,还吸引一批探险者前往。如红色砂岩的水平层理经日晒风雨的侵蚀形成层峦重叠、峰多石怪的"丹霞地貌"。桂林的石炭岩经溶蚀形成一些溶洞,洞中各种钟乳石的奇形怪状,加上暗河使洞穴有幽深之感。

3. 流泉飞瀑。水体中,最吸引人的就是流泉飞瀑,从高高的山崖上,水流飞泻而下,形成银河落九天的景致,平时河流中水体是横向的水流,一下子变成垂直的水体冲下,还带来轰鸣水声。往往单凭飞瀑一项就可形成重要景点。

4. 阳光海滩。海滩正如前面所指出,它是三 S 资源。海滩是夏季祛暑休闲度假的好去处,海水比重大,利于漂浮,人可以通过游泳既锻炼身体,又有助休息。

5. 旅游气候。对人类来说,夏季的酷暑、冬季的严寒是最不好的气候。所以,在夏季人们往往到温带的草原,在冬季,除到阳光明媚的热带高原,还可以到冰雪的山地。温带的草原,中午温度稍高,但干燥无闷热感觉,而早晚则气候清凉,使人爽快。加上草原上一望无际的蓝天绿地、高高草丛中风吹草低见牛羊的景色很是吸引人。冬天虽然寒冷,但高山深雪可以参与紧张刺激的滑雪,使人忘却严寒并在活动中锻炼了身体。所以,草原、雪原变成夏与冬时最吸引人的去处。

6. 生物资源。生物资源有植物与动物。植物中突出的植被类型,不论热带的雨林、副热带的稀树草原、温带森林、草原、荒漠与寒带泰加林都各具其景观特色,特别是一些地方的奇花异草结合山光水色更成为迷人之景。如九寨沟不仅有特殊地貌,五颜六色的水池,配以山地的针阔相杂的植被成为中外闻名的景点。动物方面,特别著名的是非洲那种千百万只各种动物的大迁徙奇观,也成为重要的旅游资源。

(二)人文景观旅游资源

人文景观旅游资源是人类历史和文化的结晶,也是民族风貌和特色的集中反映。总之,一个国家或一个地区独具特色的民族、历史、文化艺术、物产和建筑等,都可构成人文景观旅游资源。其类别如下。

1. 民族风情。民族的风土人情、生活习俗、节日喜庆、服饰装束、工艺特产、烹饪技术都属于旅游资源。

2. 历史古迹。古代人类的文明遗产是旅游中的重要资源。其中著名的有埃及金字塔,英国的环石阵,中国的长城、兵马俑等都是经久不衰的世界性的旅游资源。

3. 文化艺术。其中包括绘画、雕刻、戏剧、舞蹈、音乐等。一些展示艺术品的博物馆、艺术馆、画廊亦属此类。

4. 城乡风光。城市与乡村的景观与风貌,特别是那些被当做世界文化遗产的聚落。例如罗马的历史中心,那里有古罗马城墙、斗兽场、凯旋门、凯撒广场等遗址;我国黄山脚下反映我国文化特色的村落——宏村、西递已是世界上著名的人文景点。

5. 旅游商品与购物。一些国家有些传统的商品或艺术品,旅游者不免要买一些;有的地方属自由港城市,由于免除关税、价格便宜而吸引不少游客去购物。如中国香港,被称为"购物天堂"。

6. 风味佳肴。各地因食物原料差异,特别是传统的烹饪方法不同,形成独特的风味食品,因而吸引不少游客前往品尝。

9.4.2 旅游地

旅游地亦称为旅游风景区或景区。旅游地主要类型可以分为以下六大类。

(一)风景名胜区

国家风景名胜区是我国一类基本旅游目的地。风景名胜区都是为保护和开发风景名胜资源而划定的较大空间范围的一种旅游地。

(二)自然保护地

自然保护地是指国家为了保护自然环境和自然资源,促进国民经济的持续发展,将一定面积的陆地和水体划分出来,并经各级人民政府批准而进行特殊保护和管理的区域,在我国包括国家公园、自然保护区和各种自然公园。在自然保护地主要是生态旅游,注重生态保护、自然体验和环境教育。

(三)历史文化名城与古迹

历史文化名城是国家十分宝贵的文化遗产,也是吸引游客的重要景点。我国已先后公布属于历史文化名城的城市共 99 处。

(四)国家旅游度假区

我国批准了一批国家级的旅游度假区。这些旅游度假区不是在海边,就是在山与水结合的优美风景区内。

（五）主题公园

这类景点适合有大量外来游客与当地游客的特大城市或城市群所在地。另外，这类公园的旅游产品有周期性。如果一城市或地区基本数量不够、景点内容不能及时更新、加上同类的竞争，就会使投资过多的主题公园面临困境。

9.5　旅游开发对区域的影响

旅游开发和旅游业的发展，会给一地的经济、环境、社会和文化带来一些积极的影响，但是，也产生一些消极的影响，因此，在发展旅游业时，要有全面的认识，在充分发挥其积极影响的同时，也要克服其消极面，才能使旅游业得到健康、持续的发展。

9.5.1　旅游业对经济发展的影响

旅游业在一地开始时，往往利用当地的自然资源与历史文化资源开展旅游，所以在开始时是利用已有资源，不需要很多资金，而交通、住宿、餐饮、电信，往往亦都是借用已有的设施，也不用新的投资与建设。旅游开始起步了，它吸引远近游客前来观光。它使当地不但增加旅游方面的就业，而且又使当地的商业、服务业兴旺起来，提高效益，还增加了就业的岗位，使当地经济活跃起来。外来游人的消费与土特产的销售间接地推动了当地相关产业的生产。市场的活跃,就业的增加,使国家税收、居民的收入和消费亦带动起来。特别是,国外游客的到来,还带来外汇的收入。旅游业的进一步发展,不仅使旅游业扩大规模,而且也使所有与旅游有关的产业都要扩大规模、提高档次,使城市建设与基础设施建设也发展起来,大大加速了现代化的进程。不少落后地区与发展中国家,在旅游发展中都经历过这个过程,其对经济的积极影响是很明显的。

9.5.2 旅游业对区域的环境影响

旅游业的迅速发展,首先受到冲击的是景区的旅游景点。旅游的景区中,不论自然风光与历史文化,都有一定的容量,没有超过其容量,则影响较小,如果超过其容量就对景点带来不利影响。对景点来说,不论是自然的还是人文的,都是独特的,是不可重复的。破坏后很难复原。因此,对旅游资源的保护和对景区、景点的保护是十分重要的。

其次,游客在当地管理不善会留下大量废弃物。在食宿中又会产生很多污染物,会影响其环境质量,不仅影响游客,也影响当地居民。例如,拥有我国历史自然遗产的张家界,由于游客增加迅速,没有按规划建设,破坏了景区外貌,形成城市化现象,遭到世界遗产委员会的黄牌警告。

9.5.3 旅游业对社会的影响

旅游业的游客来自四面八方、五湖四海,各种文化、风俗各有不同,其有利的方面,是可以促进落后、封闭的地区改变其保守、落后的风俗,并从外来者身上学到先进的文化。但是,外来者中文化不同,往往亦会带来一些落后的不良行为。较突出的是黄、赌、毒,不仅吸引一些不良的外来之人,也会污染当地的社会环境。

9.5.4　旅游业对区域文化的影响

旅游业的发展使各地游客汇集于目的地,形成了外地文化与当地文化在当地的接触。由于当地的主人接待外来的客人,主人要为客人服务,为了获得旅游业的效益,主人需迎合客人的需求。为此,主人要了解客人的文化、习俗和行为。当然,客人在当地主人的文化中,会因感到新奇而产生其印象。可以说,在旅游业中存在一种文化交流的作用。

正是这种文化的作用,使当地往往在保留其建筑、习俗、服装、饮食等的同时,又引进一些异国的建筑、习俗、饮食等。这样,在该地自然形成两种或多种文化的交流。当地在吸收异国文化之后,经过选择、融合会产生一种新形式的文化,并由该地向周围传播。

第10章 地 理 信 息

    地理信息科学是地理科学中的技术科学部分,该项科学技术是在空间科学与航天技术、计算机科学与网络技术、地理科学与信息技术三者结合的基础上发展起来的。本章从其发展、构成、应用、远景几方面来阐述。

10.1　地理信息技术的发展

    长期以来地理学主要以两种方法获取地理信息,一种是地理调查;另一种是定位观测。地理调查是对大自然和社会实际的直接观察和了解,采取的方式有观察、实测、记录、访问,还有史籍调查、统计调查等。定位观测是一百多年以来最为重要的定量实测资料,这些资料是分布在各地,时序地积累记录,根据现象变化的快慢,每日、每月、每年集中整编应用。例如气象数据为每日的天气预报服务,水文数据为汛期预报服务,地震数据为临震预报服务,森林监测为林火预报服务等。后来,遥感技术突破了这两种方法,产生第三种方法,即利用装在飞机或人造卫星等上面的光学和电子传感器,瞬时扫描地理现象的空间分布,通过接收地球上物体反射或辐射的电磁波,获得地物的信息,并且成为越来越重要的信息源。

自古以来地理学记录和传递信息的特殊工具是地图。地图是按照一定的数学法则,将地球表面上的地理事物或现象,经概括和综合,用特定的符号,缩小表达在平面上的图形。人类从古代的描述性记载和手绘地图,发展到 20 世纪的航空航天和信息技术,直到正在发展的数字地球和信息化战略,经历了漫长的发展历程。现代地理信息技术的发展,主要从 20 世纪开始。

20 世纪初兴起的航空摄影方法,使人类开始脱离地面,利用高空平台测绘地图,根本改变了传统的地图测绘生产过程。第一次世界大战促使航空摄影测量得到迅速发展,第二次世界大战中,彩色红外摄影、雷达、多光谱扫描等传感技术相继得到应用。1957 年,苏联发射了人类第一颗人造地球卫星,其后的 60 年代初,人类获得了从宇宙空间拍摄的地球卫星影像,这标志着航天遥感时代的开始。1972 年,美国发射了用于探测地球资源和环境的"陆地卫星",为航天遥感的广泛应用开创了新局面。人类可以从外层空间观测地球,实现了整体认识地球的梦想。

由于电子计算机科学技术的兴起和它在航空摄影测量与地图制图学的应用,使人们开始有可能用电子计算机来采集、存储和处理各种与空间和地理分布有关的图形和属性数据,并希望通过电子计算机对数据的分析来直接为管理和决策服务,这样就导致了地理信息系统(GIS)的问世。进入 20 世纪 70 年代以后,由于计算机硬件和软件技术的飞速发展，尤其是大容量存取设备——磁盘的使用，为空间数据的录入、存储、检索和输出提供了强有力的手段。GIS 成为科学预测、动态模拟和辅助决策的有力工具，并得到普及和推广应用。

20 世纪 70 年代空间定位技术有了新的突破。美国国防部于 1973 年批准建立新一代卫星导航系统——导航卫星测时和测距/全球定位系统（Nava STAR/GPS 或更简化为 GPS），为海、陆、空全方位实时三维定位与导航提供了崭新的技术方法。

20 世纪 90 年代以来，特别是数字地球的提出，加深了人们对地理信息技术的认识和理解。地理信息技术是基于计算机及其网络系统、遥感、全球定位系统、地理信息系统、虚拟现实、海量数据存储等支撑技术的总称，是实现地理数据从采集到应用的现代科学技术。

我国地理信息技术的发展起始于 20 世纪 50 年代。60 年代，我国通过航空摄影完成了全国大部分地区的地形摄影测量工作。70 年代我国开始了航天遥感的实验研究，1970 年 4 月 24 日，我国成功地发射了第一颗人造地球卫星。1975 年，又成功发射和回收了返回式卫星，获得了清晰的卫星遥感像片。在地学领域，从单纯的应用国外卫星资料，到发射自主设计的遥感卫星，如已发射的用于气象研究的风云卫星，以及中巴资源卫星、尖兵卫星等。遥感图像处理技术和遥感应用领域也得到很大发展。20 世纪 90 年代我国研制出了 GIS 基础软件，提出了"中国数字地球"。进入 21 世纪，我国成功发射了"神舟"载人飞船,建设了具有自主知识产权的卫星定位与导航系统——"北斗卫星导航系统",成为世界上继美国、俄罗斯之后,第三个拥有卫星定位与导航系统的国家。

10.2 现代地理信息技术的构成

地理信息科学是以全球定位系统(GPS)、遥感(RS)、地理信息系统(GIS)等空间信息技术为主要内容,并以计算机技术和通信技术为主要技术支撑的用于采集、量测、分析、存储、管理、显示、传播和应用与地理空间分布有关数据的一门综合和集成的信息科学和技术。因此,GPS、RS、GIS以及"3S"的集成是现代地理信息技术的基本构成部分和关键技术。

10.2.1 全球定位系统

传统地面定位工作是将平面位置(经度和纬度)测量与高程测量分开的,费时费力。随着科学技术的发展,出现了卫星定位与导航系统——全球定位系统(Global Positioning System,GPS)。GPS具有海、陆、空全方位实时三维定位与导航能力,可以同时获得地面点的经度、纬度和高程,可为全球范围内的飞机、舰船、地面部队、车辆、低轨道航天器等,提供全天候、连续、实时、高精度的三维位置、三维速度以及时间数据。

（一）GPS 的系统组成

美国的全球定位系统由三部分组成：空间系统、地面监控系统和用户系统。

1. 空间系统——卫星星座群。将 24 颗卫星均匀发射到离地球表面 20 200 km 的高空，分布在 6 个轨道面上，每一个轨道上有 4 颗卫星，各相差 90°。轨道面与地球大圆面的两面夹角为 55°，以保证在地球上的任意地区，如果没有特殊的地物阻拦，可以同时接收到至少 4 颗定位卫星的信号。

GPS 卫星的主要功能是：① 接收、存储和处理地面监控系统发射来的导航电文及其他相关信息；② 向用户连续不断地发送定位与导航信息，并提供时间标准、卫星本身的空间位置及其他在轨卫星的概略位置；③ 接收并执行地面监控系统发送的控制指令，如调整卫星姿态和启用备用时钟、备用卫星等。

2. 地面监控系统——主控站、检测站和注入站。地面监控系统由 1 个主控站、5 个检测站和 3 个注入站组成。其功能是操作卫星，使卫星运行在正常的轨道位置上，从而保证卫星定位的可靠性。

3. 用户系统——地面接收机。地面接收机，无论是手机定位、车载定位、船载定位、飞机定位、卫星定位，其原理都是一样的，利用电磁波传播速度，即光速测距。接收 4 颗定位卫星的信号，经过码捕获、码锁定、利用测距公式计算，求出位置、时间和速度。

除了美国的全球定位系统（GPS），还有俄罗斯的格洛纳斯（GLONASS）全球定位系统、欧盟的伽利略（GALILEO）全球定位卫星系统。

"北斗卫星导航系统(BeiDou Navigation Satellite System, BDS)"是我国自行开发研制,具有自主知识产权、自主控制的卫星定位与导航系统。我国自 20 世纪 80 年代开始探索,形成了"三步走"发展战略:2000 年年底,建成北斗一号系统,向中国提供服务;2012 年年底,建成北斗二号系统,向亚太地区提供服务;2020 年,建成北斗三号系统,北斗迈进全球服务新时代。它将定位导航与卫星通信集成一体,能够全天候、全天时提供卫星导航和通信服务。中国定位卫星的发射,主要是为了不完全依赖外国,能够独立自主地进行定位,而且保护国土安全。

(二)GPS 的特点和优势

1. 全天候、全球地面连续覆盖。由于 GPS 卫星信号不受天气变化影响,且在地球上任何位置均可连续同步观测到至少 4 颗卫星,从而保证全球全天候,连续实时导航与定位。

2. 高精度、多用途。GPS 可为各类用户连续地提供动态目标的三维位置、三维速度和时间信息。

3. 定位速度快,自动化程度高。如利用 GPS 进行动态定位和测速工作在 0.1 至数秒钟内即可完成,进行静态定位在几分到几十分钟内便可达到预定精度,并可以通过数据通信实现全自动数据采集与处理。

4. 抗干扰性能好,保密性强。GPS 采用了数字通信的特殊编码技术,这对军事上动态目标的导航具有十分重要的意义。

5. 经济效益高。如用 GPS 定位技术建立大地控制网,要比常规大地测量技术节省 70%—80% 的外业费用;GPS 技术还能带动新兴产业的发展。

由于较常规定位方式和其他卫星定位系统具有明显的优势,GPS 定位系统将成为未来空间定位的主要技术。

10.2.2　遥感

（一）遥感的概念和原理

遥感(Remote Sensing，RS)在广义上可以理解成不直接同观察对象接触而获得对象信息的方法。在狭义上可以理解为应用相关仪器,从远处获得观察对象信息的综合技术。

人能够看见物体是物体反射太阳光线或自身发出的光线到达人眼睛里的缘故。这些光线是电磁波辐射的一种形式。除了人眼能看到的可见光波段,还有红外波段、紫外波段、微波波段等。不同波段的电磁波按波长顺序排列在一起,就形成了电磁波谱。不同的物体由于物理性质不同,它们反射或辐射的电磁波总能量大小以及在不同波段的能量分布是不一样的。根据物体反射或辐射的电磁波能量的差异,遥感可以分辨不同的物体,并获得物体自身的一些信息,这就是遥感信息形成的原理。

遥感的基本工作原理是利用装在飞机或人造卫星等上面的光学和电子设备,接收地球上物体反射或辐射的电磁波,形成影像,再将影像传回地面接收站,使用处理和识别设备对影像进行处理和分析,获得地物的信息。

（二）遥感信息的获取、处理和解译

1. 获取遥感信息的主要设备是遥感平台和传感器。用来搭载传感器的工具称为遥感平台,包括飞船、航天飞机、人造卫星、航空摄影飞机、飞艇、气球、地面测量车等。传感器是记录地表物体辐射或反射的电磁波信息的仪器,它安装在遥感平台上,通常有摄影式和扫描式两种类型。摄影式传感器就是航空照相机,它随着飞机的飞行,每隔一定的距离拍摄一张地面的照片,照片之间有一定的重叠;扫描式传感器通常是多光谱扫描仪等设备,它能够在垂直于飞行方向上进行扫描,记录下地面连续的扫描线上各个不同波段的光谱信息。传感器的分辨率越高,获得的地物信息越多。

2. 传感器记录的信息可通过通信设备传回地面的接收站。被接收的遥感影像需要进一步处理,才能提供使用。这是因为遥感平台自身的运动以及地球表面起伏等,会造成影像几何变形,需要进行几何纠正;大气作用也会对影像产生影响,需要进行辐射纠正等。

3. 遥感解译过程是地理现象的认知过程。遥感信息系统包括遥感图像处理系统、遥感影像计算机目视解译系统、遥感影像群判读系统、遥感信息模型系统等。如基本的图像处理有多波段合成彩色影像、图像变换、图像增强、边缘增强和提取、图像分类、立体显示等。经过图像处理,计算机和人眼更便于识别和解译地物和现象。

（三）遥感信息的特点和优势

遥感是人眼的延伸。当代遥感的发展主要表现在它的多传感器、高分辨率、多时相特征，以及带来高效能。

1. 多波段、多传感器技术。目前遥感波段已能全面覆盖大气窗口的所有部分，形成了光学遥感、热红外遥感、微波遥感等。还可按传感器获得信息的方式，分为主动式遥感和被动式遥感。被动式遥感接收物体辐射的电磁波，主动式遥感是传感器自身发出微波或激光，通过接收物体反射的波来确定物体的位置和性质，例如干涉雷达测量（INSAR）和差分干涉雷达测量（D-NSAR）研究地表水平和垂直位移以及地表土地覆盖的精细变化。

2. 遥感的高分辨率特点。全面体现在空间分辨率、光谱分辨率和温度分辨率三个方面，长线阵 CCD 成像扫描仪可以达到 1—2 米的空间分辨率，成像光谱仪的光谱细分可以达到 5—6 纳米的水平，热红外辐射计的温度分辨率可从 0.5K 提高到 0.3K 乃至 0.1K，从而实现遥感几何和物理的全面反演。

3. 遥感的多时相特征。Landsat 卫星的重复周期是 16 天。利用三万多千米上空的地球同步卫星，可以对 40％地球表面进行近乎实时重复观测（每 20 分钟至 1 小时一个图像）。随着小卫星群计划的推行，可以用 6 颗小卫星，实现每 2—3 天对地表重复一次采样。多波段、多极化方式的雷达卫星，将能解决阴雨多雾情况下的全天候和全天时对地观测，通过卫星遥感及其与机载和车载遥感技术的有机结合，是实现多时相遥感数据获取的有力保证。

4. 遥感应用的高效能。航空和航天遥感，包括航空和航天摄影测量，与各种地面测量方法逐点获取数据相对比，这是一种快速获取地理空间数据的有效方法。高光谱遥感,可以帮助人们进行地质找矿、资源调查、农作物长势、病虫害、土肥状况分析。利用地球同步(静止)卫星,可以每隔几十分钟向地球发回气象卫星数据,以了解各种气象和海洋现象的动态变化过程。因此,具有很高的效能和应用前景。

遥感信息是数据信息、图像信息、光谱信息三者结合的数图谱信息,这在科学历史上是前所未有的信息。如果没有遥感信息的发展,就没有建立地理信息科学的基础。

10.2.3 地理信息系统

地理信息系统(Geographical Information System,GIS)是一种特定而又十分重要的空间信息系统,它是以采集、存储、管理、分析和描述整个或部分地球表面(包括大气层在内)与空间和地理分布有关的数据的空间信息系统。

(一)GIS的基本构成

地理信息系统一般由计算机系统、地理数据和应用人员三部分组成。

1. 计算机系统是GIS的核心,包括硬件系统和软件系统。硬件系统用以存储、处理、传输和显示地理数据,其基本设备包括输入设备、处理设备和输出设备三部分。

软件系统用于执行GIS的各种操作,代表性的软件如ARC-GIS、MAPGIS、ERDAS、IGDS/MRS、Microstation、MGE Intergraph、SICAD、GENAMAP、SYSTEM9、AlltoCAD/ARCCAD 等。它们可在工作站或在微机上运行。

2. 地理数据是地球表层所有涉及地理位置的事物和现象的数字表达。它是 GIS 的操作对象，也是 GIS 数据库的主要内容。将地理数据作为操作对象，是 GIS 区别于其他信息系统的主要标志。地理数据表示地理事物和现象的定位、定性和时态等信息。

3. 无论计算机和 GIS 技术如何发展，人在 GIS 的构成中仍处于主导地位。GIS 应用人员包括系统分析员、系统设计员、系统开发员、数据生产者、应用分析员和系统管理员等。

（二）GIS 的基本功能

GIS 依托四项基本功能，解决实际地理问题。

1. 数据输入与编辑。数据输入是用数字化工作站、扫描仪等数据输入设备，将各类地图、野外观测记录、遥感影像、统计资源等转换为数字形式，输入计算机。数据编辑是将输入计算机的数据编辑处理为规定的数据格式，以便于计算机存储。

2. 数据存储与管理。地理数据的存储和管理方式有多种。目前，多采用数据库方式实现 GIS 的数据存储和管理功能。

3. 空间查询与分析。通过查找 GIS 数据库来回答 GIS 用户提出的地理问题；并通过对地理数据的计算来获取新的地理信息。

4. 制图与产品输出。将 GIS 的空间查询或空间分析结果在绘图仪、打印机等输出设备上输出。GIS 产品的主要表现形式有各类地图、影像图、统计图表及其他形式的数字产品。

(三) GIS 的拓展

1. 虚拟 GIS。将虚拟现实(Virtual Reality,VR)技术与 GIS 的结合,是一种以地球为研究对象的虚拟现实技术,也是 GIS 的一个新兴分支。

虚拟现实也称临境技术或人工环境,是一种由计算机生成的高技术模拟系统。这是发展到一定水平上的计算机技术与思维科学相结合的产物,为人类认识世界开辟了一条新途径。

在该系统中,参与者可以通过多种感觉方式(视觉、听觉、触觉)与计算机产生的立体影像进行交互作用。例如,可以在虚拟的立体场景中漫游、创建或移动虚拟物体等,其感觉和体验就如同在现实世界一样。可以将难得在现实生活中出现的微观、剧变、艰险、复杂的环境,用虚拟现实技术再现出来,使演练者得到亲历、锻炼的机会,从而提高认识问题、处理问题的能力;也可以模拟未来的情景,找到处理问题的合适途径。总之,虚拟 GIS 既具有传统 GIS 的特点,又具有虚拟现实界面、空中漫游和交互功能。

2. WebGIS。是 GIS 和因特网(Internet)技术相结合产生的一项新技术。因特网为 GIS 数据信息提供了方便的发布与共享方式,它给传统 GIS 的发展提供了新的契机。它改变着 GIS 数据信息的获取、传输、发布、共享、应用和可视化等过程和方式,将成为一个交互式的、分布式的、动态的 GIS。它具有更广泛的数据访问范围、不需要配备昂贵的专业 GIS 软件以及操作简单等优点。只要使用通用的 Web 浏览器,用户就可以访问因特网上提供 GIS 数据服务的网站,获得包括交通、旅游、餐饮、娱乐、房地产、购物等与空间位置有关的信息服务,使地理信息真正成为整个社会的共同财富,为人类造福。

3. 地理专家信息系统。将人工智能(Artificial Intelligence)引入地理信息系统,从而达到地理专家信息系统。

一般专家信息系统由综合数据库、知识库与推理机三部分组成。对复杂的地理现象而言,推理机应该具有逻辑库功能,因此,除了地理信息系统外,增加地理知识库、地理逻辑库,构成地理专家信息系统。地理专家信息系统有两个人机接口,一个是专家的接口;另一个是用户的接口。将专家们的知识以人工智能的方式集成到地理信息系统,就是地理专家信息系统的实质。运用地理专家信息系统,可以更好地为地理研究和决策服务。

10. 2. 4　"3S"技术的集成

(一)"3S"集成的含义和技术互补

所谓"3S"集成,是指将遥感、空间定位系统以及地理信息系统这三种对地观测新技术(严格地说,还应包括现代通信技术,只有这样才能在信息高速公路上实现实时的数据传输和通信)有机地集成在一起。这里所说的集成,是英文 Integration 的中译,它指的是一种有机的结合、在线的连接、实时的处理和系统的整体性。

在"3S"集成应用中:GPS 主要用于实时、快速地提供目标,包括各类传感器和运载平台(车、船、飞机、卫星等)的空间定位;RS 主要用于实时地或准实时地提供目标及其环境的信息,发现地球表面上的各种变化,及时地对 GIS 进行数据更新;GIS 则是对多种来源的时空数据进行综合处理、集成管理、动态存取,作为新的集成系统的基本平台,并为智能化数据采集提供地学知识。3S 技术具有互补性,它们的有机结合,构成相得益彰的现代地理科学的信息技术体系。

(二)"3S"集成的模式

1. RS 与 GPS 集成。在飞机和卫星上加载 GPS 实现航空、航天遥感和 GPS 集成,通过 GPS 实现传感器的直接定位和时间控制。

2. GPS 与 GIS 集成。利用 GPS 定位数据和 GIS 空间数据管理功能,实现如陆地导航、车辆跟踪、地图修测、工农业生产、工程控制等。

3. GIS 与 RS 集成。将所获取的遥感图像与同一地区的 GIS 系统进行结合,一方面利用 GIS 已有的信息为遥感图像的处理、分析提供依据;另一方面利用 RS 获得的最新数据对 GIS 已有的空间信息进行及时更新。从 GIS 空间数据库中发现知识,用于空间分析和影像自动解译,则属于目前人工智能科学中的数据挖掘(Date Mining)。

4. GPS+GIS+RS 集成。这是"3S"完整的集成方式,将 GPS 定位数据和 RS 图像数据通过 GIS 进行系统的管理、分析和应用。

10.3 地理信息技术的应用

10.3.1 地理信息技术的应用领域

地理信息技术在现代社会中有着广泛的应用价值,其应用领域概括为以下几大方面:

1. 资源清查与管理:建立资源数据库及相应的地理信息系统,为资源的可持续开发、合理调配和有效利用提供科学依据,实现资源的现代化科学管理。

2. 农业信息化:建立农业信息系统,对多维海量农业数据实行有效的存储、组织和管理,为各级政府制订农业生产规划、服务计划等提供科学依据,并为精细农业服务。

3. 城市管理与规划:建立城市规划管理自动化地理信息系统,实现对人口、交通、市政设施、公共设施、地下管线、环境保护等诸多信息的自动化、智能化管理。

4. 环境监测与保护:建立环境与生态监测信息系统,为环境与生态保护规划及整治对策的制定提供科学依据。

5. 灾害监测、防灾减灾与灾情评估:对各种灾害建立监测、评估与预警信息系统。

6. 社会经济可持续发展规划与决策:根据各地区资源、人口、环境的特点和经济、社会基础,建立相应的数据库与各具特色的指标体系,为协调人地关系和制订社会经济发展规划提供科学决策依据。

7. 军事与国土安全:建立陆、海、空及外层空间的现代国防信息系统、加强部队的信息化建设,保卫国土安全。

8. 全球变化研究:遥感信息、全球定位和 WebGIS 使全球尺度的研究成为可能。建立有关环境演变的时空模型,研究气候与地表覆盖变化、海平面及海岸线变迁等。

实际上,地理信息技术渗透到生产、生活、科学研究的方方面面,远远超出了地理和地学的范畴,是现代社会不可或缺的技术体系。

10.3.2 地理信息技术应用举例

我们通过几个例子来看地理信息技术的强大功能和应用效果。

(一)GPS 在测绘和工程监测中的应用

GPS 定位技术以其精度高、速度快、费用省、操作简便等优良特性被广泛应用于大地控制测量中。时至今日,可以说 GPS 定位技术已完全取代了用常规测角、测距手段建立大地控制网。一般将应用 GPS 卫星定位技术建立的控制网叫 GPS 网。GPS 测量不需要控制点间通视,可以克服地面障碍的困难,如利用 GPS 空中三角测量完成了中越边界无地面控制的勘界 1∶5 万测图,使作业人员无须深入地雷残留区而顺利完成任务。

测绘部门还开发了一批利用差分 GPS 技术的应用系统,如

GPS 水下地形测绘系统、GPS 空中三角测量系统、GPS 大坝安全监测系统等。目前 GPS 已可用于精密工程测量和工程变形监测。

（二）GPS 和 GIS 结合进行定位和导航

GPS 和电子地图（GIS 的产品）被广泛应用于对车辆进行跟踪和调度管理，特别是公安、交通、金融、保险等领域。已经研制成功的如车辆全球定位报警系统、警用 GPS 指挥系统、导航系统等，分别用于城市汽车调度管理，风景旅游区车船报警与调度、海关、公安、海防等部门对车船的调度与监控。车载 GPS 加电子地图导航和航海导航可帮助使用者顺利到达目的地。在旅游及野外考察中，GPS 和北斗系统接收机是你最忠实的向导。

（三）遥感应用与"对地观测系统"（EOS）计划

对环境问题特别是人类生存环境的关注成为当今国际科技界的一个焦点。"对地观测系统"（EOS）计划要集中当代空间遥感技术成就之大成来观测和研究地球环境，主要有：海洋和陆地气候过程、地表生物化学循环及其变化、冰冻圈的监测、海洋大气耦合及大洋初级生产力、全球碳物质和能量平衡、地表能量及水分平衡、地面特别是亚马逊河流域生态系统监测以及植被量化的碳收支模型研究等，对地球表面和在大气中的气溶胶物质、温室气体（臭氧）和有害气体以及其他痕量气体进行长期的定时监测。这一计划以美国为主，并有加拿大、英国、欧空局、日本、澳大利亚、巴西等国和国际组织参加。EOS 计划的推行，充分反映了国际社会及国际遥感界对环境问题的重视，也反映了地理信息技术的重要性。

（四）地理信息技术用于灾害调查、监测与评估

水、旱灾害对农业生产构成很大的威胁。为此，在国家防汛抗旱总指挥部和国家科委的支持下，在有关单位的参与下，利用3S等高科技手段，探索出了一条行之有效的监测和评估灾情的新方法。

如国家遥感中心利用 RS 和 GIS 技术，分析和评估了发生特大洪涝灾害的太湖流域的洪灾状况。水利部遥感技术应用中心利用 NOAA/AVHRR 图像提供的地物反射、辐射信息，结合常规土壤水分观测数据并借助于地理信息系统，对山东、河南两省进行了大面积旱情监测的研究等。

此外，RS、GPS、GIS 技术还用于沙漠化防治、生态风险评价等。

（五）"3S"支持下的地图变革和综合制图

地理信息系统的创始者都是地理学家或者测绘学家，他们最初的本意是为了自动化制图。他们借用了计算机辅助设计(CAD)与数据库(DB)的优点，用指针将两者联系起来，成功地建立了地理信息系统(GIS)。但随着 GPS、RS、GIS 的发展，地图制图技术和地图的品种和功能都产生了很大的改革。

首先，出现了一系列新的图种、新的地图介质与形式。地图从纸质、平面、静态为主，发展为立体的、动态的、更加精准和形式多样，如遥感信息系列成图、数字地图、多媒体电子地图、网络地图等。

其次，计算机全数字化制图与制版一体化根本上改变了综合制图设计与生产的传统工艺。

最后,GPS、RS、GIS 与地图方法相结合,把综合制图推到更高水平。3S 不仅为地球信息综合制图提供了极其丰富的信息源,而且提供了信息快速处理、综合分析评价的手段,结合地图原理和方法,推动数字地球的综合分析与制图、区域综合信息图谱的建立与发展。

10.4　地理信息科学远景展望

地理科学主要是在航天信息技术与计算机信息技术上,发展了地理信息科学(GIS)。展望远景,各项信息技术都会更加现代化,在整体上,将推动中国数字地球建设和天地人机信息一体化网络系统。

10.4.1　中国数字地球建设

数字地球是美国提出的概念。美国前副总统戈尔于 1998 年 1 月 31 日在加利福尼亚科学中心发表的题为"数字地球:认识 21 世纪我们这颗星球"的演讲中,全面地提出了未来在美国建设"数字地球"的战略目标。从美国的认识角度看,数字地球指的是按照地理位置把地球上每一点的信息都存储在计算机里,人们可以通过因特网查找和显示所需要的任何信息。数字地球的建设是高新科技应用的结合。数字地球的应用可以包括:外交谈判、打击犯罪、保护生物多样性、预报天气变化、提高农业的生产力等。

中国的科学工作者通过研究提出了中国特色的数字地球概念，即中国数字地球，是对真实地球的数字化重现，是以多分辨率地球空间数据为基础，以高速计算机网络为信息通道，以虚拟现实为信息表现形式的现代化信息服务系统。

中国数字地球是我国针对世界数字地球科技发展提出的信息化建设方案。建设中国数字地球，占领科技发展的制高点，是中国实现跨越式发展的关键。

中国数字地球由国家信息基础设施、国家地理数据基础设施和数字地球实验基地三部分组成。国家信息基础设施建设主要是建设宽带网络，实现电话网、有线电视网与因特网相连接。国家地理数据基础设施建设，主要是建设全国的基础地理数据库，以及各专业数据库，如数字地形、遥感影像、交通、水系、居民地等，它是中国数字地球的基础。数字地球试验基地建设，主要负责技术攻关和应用示范工作，以取得适合中国情况的数字地球技术。数字农业、数字城市等是中国数字地球的示范工程。

严格地讲，数字地球是以计算机技术、多媒体技术和大规模存储技术为基础，以宽带网络为纽带运用海量地球信息对地球进行多分辨率、多尺度、多时空和多种类的三维描述。数字地球是世界进入信息时代的最重要标志之一，其应用涉及政治、经济、军事、文化、教育、生活和娱乐诸多领域和方方面面。可以乐观地说，21世纪中数字地球将进入千家万户和各行各业，将对社会生活的各个方面产生巨大的影响。

10.4.2　天地人机信息一体化网络系统

地理信息科学发展天地人机信息一体化网络系统，其中包括两大子系统，即对地观测信息子系统与人地信息子系统。

对地观测信息子系统包括遥感卫星信息系统、遥测卫星信息系统、定位卫星信息系统、通信卫星信息系统等。该子系统实际上就是建立一个太空信息网络与地面信息网络的连接。

人地信息子系统是地理信息科学与技术，包括遥感信息系统、地理信息系统、地理专家信息系统的自然科学与技术和地理系统工程管理信息系统、地理系统工程决策信息系统的社会科学与技术两个方面。

上述两个子系统构成天地人机信息一体化网络系统。天网与地网的连接是 21 世纪的重要科学技术发展，这一连接从自然科学与技术走向社会科学与技术，将自然科学与社会科学连接起来，并且应用于各个方面。

所以，地理信息科学又一次在技术领域内证明了地理学具有综合自然科学与社会科学的性质。

第三篇

应用地理学

　　20 世纪 60 年代以来，面对全球性的人口剧增、资源危机、污染环境、城市化以及区域开发等一系列问题，都不是任何部门地理学能单独承担的课题。地理学自身的发展和实践需要都要求它加强一体化、充分发挥地理学固有的综合特点。

——《中国大百科全书（地理卷）》

　　林超(1909—1991)是我国地理学家,曾任中国地理研究所所长,北京大学与清华大学教授。

第11章　地理学的应用

地理学在目前已是一门有广泛应用领域的学科,涉及方方面面。现通过一些实例,使读者具体地了解和体会地理学应用的内容和效果。

11.1　鄂尔多斯生态环境的整治

在 20 世纪末、21 世纪初,北京的春天连续地出现多次沙尘暴。沙尘暴来时,人们看不见太阳,天昏地暗,狂风大作,夹带着细沙,打在脸上,稍有痛感,很细的尘土钻进鼻孔,眼也只能半睁。沙尘暴过后,窗户外落下一层深黄色尘土,门窗密闭不严的甚至从缝隙中进入室内。于是,沙尘暴成为重要话题。学术界也十分重视,认为是内蒙古的生态环境严重退化造成的。为此,有人提出,可以在内蒙古大量植树造林、固治流沙就可以解决北京的沙尘暴问题。

内蒙古位于北京的西北,恰好在冬季西北风来源的上方。沙尘暴的沙源大多来于该处。在内蒙古,沙源主要有四处。一是贺兰山西的巴丹吉林沙漠,二是鄂尔多斯高原东南的毛乌素沙地,三是锡林郭勒高原南面的浑善达克沙地,四是辽河中上游的科尔沁沙地。巴丹吉林沙漠虽然面积大,但距北京较远。科尔沁沙地位于北京东北方向,不在吹向北京西北风的上方,而毛乌素沙地、浑善达克沙地,恰在北京的西与北,处于上风向,对北京影响较大。

森林对环境有极大影响。由于森林的蒸发量大,其蒸发的水分,可以增加空气的湿度,甚至可增加当地的降雨。另外,树木的株高比草本、灌木高,枝条多,对地面气流有阻挡作用,可以降低风速。因此,林带可以降低地面温度,减少风沙,增加湿度,改善地表环境,有利于作物的生长,故在干旱地区,在一些风沙灾害地区,多建有防风的林带,能起到防风固沙的作用。这种措施也确实收到了效果。这就成为在内蒙古大规模植树造林的理论依据。

但是,科学院院士、著名地理学家黄秉维却提出了自己的见解。他认为,树木株高、体大、枝叶多、根系深,为了生长,其所需的水分比灌木、草本植物多得多。所以,在一地区种植树木要能使其活下去,首先是当地的环境条件能够为树木生长提供足够水分,否则,所种的植物就无法正常生长。严重的水分不足,种植的树木成活率就大成问题。当树木本身无法生存,那就谈不上其改善环境和防风固沙的作用。因此,森林对环境的有益作用是有前提条件的,不是任何地方都可以进行的。

黄先生的见解有无理论与实际依据呢?从植被的分布情况来看,植被类型的空间格局与气候,特别是降雨量大小有紧密联系。在中国的北方,大体降雨量 700 mm 以上为森林,400—700 mm 为森林草原，200— 400 mm 为草原，100—200 mm 为荒漠草原，100 mm 以下为荒漠。天然植被的分布是代表宏观的降雨下所形成的地带性的植被。可以说，降雨量 700 mm 以下，一般难以有大面积的森林。只是在局部环境中，有的地方因蒸发量低，有的地方因土质、地貌等原因，使地下水位的深度与含水情况补充了大气降雨不足而形成斑点、条带状稀疏的林带和散生树木。这只代表非地带性因素影响形成非地带的森林。我们在草原地区的谷地与河床两岸、村落周围出现的林木就属这类。局部的情况，不代表大面积的植树可以形成林带。因此，干旱地区多年植树，往往却难见林带。

在个别的地区看来见效。其实，那里属森林地带，原来已有森林，有效只说明是恢复，而不是战胜自然。世界上，将原来无林地带变成林带有实例。苏联曾在中亚的锡尔河和阿姆河建成沿河林带（称吐加依林带），是因两岸地下水位高而使林带生长。当用水增多、地下水位下降时，多年的林带则成片枯死。我国塔里木河胡杨林大片死亡也是同样道理。这并没有证明人定胜天，而是人受自然的惩罚。

既然大片植树造林难以实现，如何解决沙尘暴问题呢？这只有从了解其生态灾害的因缘谈起。沙尘暴的尘沙有三种：一种是高空来的，其颗粒非常细；另一种是颗粒比较大的，是在近地面流动；再有一种是颗粒中等的，是近地面以上、高空以下。近地面层的多来自当地。高空中细尘多来自极远处，有的可能来自蒙古人民共和国的戈壁地带。中等颗粒可能多来自内蒙古。

高空极细的飘尘被大风扬起于戈壁，在风力带动下，可传到很远，缓慢沉降。当地戈壁地带，降雨量极少，小于 100 mm，地表面很少有植物，地表每年风化作用的细尘被吹起带往远处。这里的自然环境久已存在，现今技术条件还不可能解决此问题。在北京，这种高空沙尘天气久已存在，只不过近来频率增多而已。

颗粒大的沙尘，多在近地面层，多属于当地起沙。这是由于地表植被破坏，地面裸露；耕地在作物收获以后，新的作物尚未生长致土地大面积裸露；再有工程建设，不仅使地表裸露，而且破坏地表使地面土层更加松散。这样，在大风天气下，随风卷起所能携带的颗粒。这种情况下对裸露的地面，可以恢复植被（根据北京气候条件，除裸岩外，可以恢复树木或草类），工程用地可以适当控制，但难解决的是无作物的裸露农田。近年，北京采用秋后免翻耕，减轻了春季的就地扬尘。

内蒙古低空来的中等颗粒是控制的重点。在鄂尔多斯高原上，其东南是毛乌素沙地，其西北是干燥的剥蚀高原。在毛乌素沙地，该地位于鄂尔多斯高原东南及黄土高原之间，地势较低。其土壤发育于第四纪湖相冲积平原凹地上，降雨量介于 250—440 mm 之间，是鄂尔多斯高原上降雨最多的地方。按其降雨量及历史地理有关资料，过去这里属草原与森林草原带之间，植被条件好，适于农牧。故历史上，多次成为农牧经济的繁荣地区。正是这个原因，农牧业的开发利用，使表层以下的松散沙质冲积层裸露出来，在高原冬春强烈西北风的吹蚀下，地面沙化严重。最终在地面上形成高低起伏的沙丘。在风力的影响下,越向东南,沙丘的流动性越强,沙丘的高度也越大,终于变成毛乌素沙地,不仅农业难以继续,牧业亦相当困难。

鄂尔多斯高原的西北为干燥剥蚀的高原,其下的基岩为基本水平的沙岩。其降雨量介于 150—250 mm 之间。植被应属荒漠与草原之间的荒漠化草原。因此,这里已是纯牧区。由于人口的增加,牲畜的头数也急剧上升,草原上牲畜过多,啃食过重,终于使草原草退化。

这种现象到了 20 世纪 80 年代,因羊绒价格上升而加剧。原来养羊主要收入是靠肉,其次是皮、毛。80 年代羊绒衫兴起,羊绒价格大涨。羊绒出于山羊,使山羊的数量大增。与绵羊相比,山羊不但可以啃食近地面的矮草,还可用其蹄扒出草根为食。山羊过多情况下,草原的草越来越少、越来越矮、越来越稀,使其裸露面积越来越大。在风力吹蚀下,飞扬起的沙土就越多,遂被带往更远处。因此,地面变为沙丘与沙化,成为北京沙尘暴严重的重要原因。

目前,内蒙古地区为保护草原、避免沙化、减少北京沙尘暴的沙源,已采取减少牲畜头数、改放牧为栏饲以保护植被,防止退化。这种措施是一些发达国家改善草原利用所采取的措施。当然这些措施只有在草料供应充分时才有可能实行。减轻牧放牲畜的头数涉及牧民的收入,只有在使牧民收入不下降的情况下,才可能使其措施得以实行。在国家支持下,还需要一定的休养生息时间才可能使草原由退化转向恢复。

对毛乌素沙地东南已形成半流动沙丘的地区。这里的降雨量400 mm,是草原,也是接近森林草原的边缘。因历史上不合理利用形成地面沙丘,使地面的径流集中于地形低洼的沙丘间的低地,因地下水补给条件好,所以丘间低地往往生长着柳树灌丛,密集成片。从丘间低地向沙丘的坡上,随地形逐步升高,地下水位下降,供水条件差,植被情况亦发生变化。先是在柳丛边生长着耐旱的小灌木和半灌木,接着是往沙丘坡脚上生长的根茎型沙生草本植物。它们靠深入沙层的根茎,不仅固定其自身,克服沙的流动性,而且可以获得其必要的水分以保证其生长。再往上,到沙丘的中上部,沙子流动性大、热量大、蒸发量大、水分少。这里只有一两年生的沙生先锋植物以其靠风力传播种子,遇雨后的快速发芽生长以及耐高温、少蒸发和发达根系等特点得以在裸露的流沙上生长。在沙丘的顶部,由于沙子流动性大,极端干旱,没有任何植物生长其上。这就是从丘间低地向沙丘顶部由水、热、土条件变化而形成的生态变化,出现不同的植物组合群落。

当保护条件好,沙丘由沙流动转向半固定与固定。沙丘顶部也开始有植物生长,由沙生先锋植物向根茎沙生草本植物发展。在这种情况下,沙丘的顶部逐渐削平,沙丘坡度亦变缓,起伏流动的沙丘地貌就会变成固定的沙丘地貌。当植被长期生长,土壤中腐殖质的增加,使其群落向原来的草原发展。为防止沙尘暴,只有使其原流动沙丘变为半固定、固定方可达到目的。虽然经过多年治理,毛乌素沙地生态环境向良性发展,但沙尘暴的出现是一个长期的草原退化与沙化的结果,要改变其现状亦是一个长期的恢复过程,更不是大规模造林可以短期解决的,需要持久进行综合的生态环境整治。

11.2　辽河下游三角洲湿地的开发与利用[①]

辽河三角洲是我国沿海各三角洲中开发利用比较晚的一个三角洲,但是其变化之大、变化之快,却是令人惊奇的。它充分反映了当地自然环境与人的关系方面的特点,也可以说它是我国土地利用方面的一个特殊的人地关系。

11.2.1　自然地理的背景

辽河三角洲平原是太子河、浑河、辽河与绕阳河四条河汇集的地方,地面由海积平原、三角洲平原与冲积平原所组成。它主要是由河流带来的泥沙不断地沉积使陆地随河口而前进,而海岸线亦随之向外后退。因此,沿海岸为堆积型淤泥质海岸,滩涂面积大。在河口处,为河流所带泥沙沉积,形成三角洲平原。再远处则为冲积平原,中间亦有湖积物。总的来说,地面比较平坦,在河流两岸及沿海沙坝以后有大片低洼的湿地。

---

① 据肖笃宁:A. 辽河三角洲的综合开发与生态建设(景观生态学研究进展,湖南科技出版社,1999,第245—250页);B. 辽河三角洲的自然资源与区域开发(自然资源学报,1994,9(1):43—50);C. 辽河三角洲湿地的水文调节与防洪功能(湿地科学,2003,1(1):21—25)。

在气候上,这里年均温度为 7—9℃。降水量为 600—700 mm,主要集中于 7、8 两个月。这就造成冬春干旱,夏季降水多,地面比较平,排水不畅,而河流又从上、中游带来大量的流水,使当地的地表径流水与外地的河川径流重叠一起,形成洪灾。洪灾过后,积水排泄不畅,又形成较长时的内涝,在低洼之地更为突出。

在地面植被上,除地面高地外,很难生长树木。在积水低处的湿地则生长大片的长势高大而茂密的芦苇滩。这在河口处特别明显,双台子河口处一地就有 7 km²。在季节性浅水处为湿生草甸。沿海的低处,盐渍化程度不同,形成盐生草甸。稍高处为杂草灌丛。

上述的地理条件,春季干旱、多风、蒸发量大,局部地方亦出现盐渍化。而夏季排泄不畅,河川溢流,到处是水,呈汪洋一片。在此地,春播缺水,盐渍化不利出苗。出苗后,雨水未来前的初夏高温,又不利生长,到仲夏之后,洪水来时,又会遭遇灭顶之灾。正是这种情况,使土地开发停步不前。

11.2.2 初期的农业开发——东北高粱

望着这一片平原沃野,非常吸引人,可是就找不出开发利用方式,而洪水的汪洋却令人印象深刻。从北京到沈阳的铁路,为此向北绕道新民再转向沈阳。沈阳到大连的铁路也避开河流,而向南选择山麓地带。在清末的地图上,这里找不到一个县城。辽中、台安、盘山县是后来设的。这些都说明,这里经济不发达,人口稀少,而洪水灾害严重。

直到 20 世纪中期,人们找到一种作物可以利用其利而又避其害,这就是高粱。高粱这种作物植株高,其根深可吸收较深土层水分。这就是说,在辽河三角洲平原上,因地下水浅,虽然春旱,但高粱根深,可逃过春季高温。到仲夏以后的洪水与内涝,只要其穗仍高露出水面就不会死去。甚至到高粱成熟之时,如果内涝之水未排,据说农民可以撑着小船割下高粱穗子就有了收获。高粱的抗旱与耐涝成了适应该环境的重要选择,使该平原走上农业开发的第一步。

辽河三角洲平原的第一步开发成功,使高粱成为东北的代表性农产品。一提起"东北高粱",使人们想到新中国成立初期,东北支援华北调运大批高粱进入关内。北方人开始吃过去少有的东北白高粱米。可是,好景不长,不久以后,在华北亦见不到东北高粱米。后来,在东北,高粱也淡出了餐桌,只有特意到饭馆去要一顿高粱米主食,是一种忆旧。其原因在于辽河三角洲这一商品高粱生产基地发生了变化。

11.2.3 第二期的农业开发——盘锦大米

过去,大米在北方是一种高级食品。因为过去北方很少种稻米。到了 20 世纪 80 年代,辽河三角洲上的粳米——盘锦大米进入北京,人们才知道东北也能生产好大米。由东北高粱米到盘锦大米,代表辽河三角洲土地利用进入第二阶段。

新中国成立后,东北进入城市和工业大发展的新阶段。为解决辽宁城市的工业用水,也为控制辽河三角洲平原的洪水,人们开始在河流上游修建水库。水库建成,将夏季 7、8 月的雨季降水储存起来,使辽河三角洲在 7、8 月就可以免去洪水灾害的可能。届时,只是当地降水形成的地表径流,亦难形成大灾,内涝的可能性也有所下降。上游的水库到春天时放水,因河床中保持了比过去较多的水,亦可以增加附近地下水的补给,缓和干旱。这种水文条件变化使高粱的优势减弱,也为其他作物在该地落户提供了可能。

这里一些低洼地就开辟为水稻田,这时,在春旱时,可以从河流引水,又可使用地下水,加上原来的洼地,便于春季的水稻插秧。秋天洪水因上游水库的修建,得以缓和,水稻就可免去被洪水淹没。另外,水稻的产量高,而且属于粳稻,米质高,可以卖个好价钱。因此,由旱地开辟成水田的行动迅速开展。不但是低洼地,而且一些旱地也开渠引水变为水田。辽河三角洲种植上的变化,高质量的粳稻就以盘锦大米由东北传开。水田的扩大,形成了对土地与供水的要求,加上油田的发现,海滩养殖业的出现,造纸工业对芦苇原料的需求,使原来作为荒原的辽河三角洲出现多种经济繁荣和对资源的追求。

11.2.4 第三期的多种开发

在辽河口,盘锦油田有数千口油井在抽取原油。在勘探和生产过程中,部分落地油是无法避免的。以一个井为一吨计,每年就是数千吨。这种情况必然带来周围农田的石油污染。特别是遇到大雨时,往往使油池进水外溢,污染了农田、苇田、水产养殖池。还有,勘探地区扩大,不断发现些新的贮油构造,要打新的勘探井和生产井。因此,采油占用土地、污染土地,与土地的其他经济利用必然产生矛盾。

这里芦苇高,产量大,生长密集,是很好的造纸材料。因为芦苇田改水田比较容易,而且水稻收益比较高。所以,芦苇田的面积在缩小。

原来在沿海岸边的滩涂都是荒地。可是,这里已形成自然的和人为的生态系统。这里有一种河蟹(中华绒螯蟹),它海水里生、淡水里长。每年6月末、7月初苗汛期,它们进入淡水芦苇荡,在那里育肥生长,成蟹时再返大海。另外,海边潮间带有丰富的贝类、文蛤、蓝蛤和毛蚶等生物资源。目前采用人工养殖,已成功地实行虾贝混养技术。附近的盐田,有一种盐卤虫是幼虾的天然饵料。沿海的滩涂与河口湿地是国家级自然保护区,有丹顶鹤等珍稀水禽在这里栖息。目前,为保护油田和油田开发建有拦海大堤,结果使潮间带与堤内滩涂联系切断,使河蟹及一些海洋生物数量下降。特别是石油污染使原来油田开发与养殖争地之外,又增加了使现有养殖池受到石油污染的影响。

从以上的情况来看,辽河三角洲的开发,已从水稻为主体的开发,转向除水稻的开发以外,还出现了石油的开发、芦苇的开发和滩涂与湿地的开发(水生生物的养殖),形成多种综合开发。

11.2.5 开发中的矛盾与对策

在多种开发中出现的矛盾有三种。

第一种为水稻扩大中的水土资源矛盾。水稻是一种耗水的作物。从当地降水来说,只有 600—700 mm,与我国淮河以南的水稻分布区降水在 1 000—2 000 mm 相比还差很多,表现为总量上的不足。其次在时间的分配上集中在 7、8 两个月。这说明,水稻在插秧以后,在大田里的前一半时期的生长,靠不了自然的降水,供水来源主要靠上游水库的放水。在城市与工矿的发展用水不断增长的情况下,上游水库能分给水稻的水则越来越少。可是,辽河三角洲的水稻田的发展,在市场需求拉动下与经济收益推动下反而增速扩大,所以形成水稻用水限制在加强。

在土地方面,辽河三角洲地势低平,土地肥沃,多沼泽、湿地,宜于水田的开发。水田的开发先从河流上方两岸开始向河流下方推移,遂与河流湿地,特别是与河口湿地争地。这里的湿地原都是芦苇滩。芦苇是高质量的造纸原料。芦苇的减少关系到以此为原料的造纸工业的生存。因此,其土地利用的矛盾又涉及背后的工业、当地的经济发展与收益。

第二种为地上资源与地下资源的开发。地下资源石油是重要的能源,其资源对我国迅速发展的经济来说十分重要。因此,盘锦油田的开采只能设法减占耕地和海岸地带的养殖池,加强污染的防治。

对于地上的资源,在沿海地带有大量的养虾池、养贝池。由于养殖池要投入营养物以促进池中的浮游生物的生长,使养殖的扇贝与海虾快速生长。养殖业的发展,使得与油井建设、石油开采形成空间上的相互交错,对双方的生产活动已有一定影响。而养殖池过密也会引起水域的富营养化,反倒对养殖业不利。

第三种是湿地的开发与生态系统保护的矛盾。辽河三角洲原是以湿地为特点的生态系统。这里原是以自然湿地为主,其类型自地势高处向河口与海岸依次变化为:灌丛疏林湿地、草甸湿地、沼泽湿地、河流湿地、河口湿地和滨海湿地。这些多种类型湿地已经大有变化,很大面积为人工湿地所替代。人工湿地中包括由水库、坑塘、渠道在内的人工水利设施,其次为水稻田、虾池和盐田。水稻田所占面积最大,几乎已经完全取代了灌丛疏林湿地、草甸湿地和沼泽湿地,部分取代了河流湿地与河口湿地。虾池与盐田已部分取代了滨海湿地。可以说自然湿地已所剩不多。

拿沿海地带来说,从海边低处往上依次生境是浅海湿地、潮间带裸滩涂、潮上带翅碱蓬滩涂和芦苇沼泽及草甸。当河流冲积物沉积下来,陆地逐渐向海延伸,地面逐渐加高时,浅海湿地则向海发展,而陆上的生境就被其后高处的生境所取代。而芦苇沼泽与草甸因地势渐高,地面积水变浅变少,在开发利用上就转为水稻田。这反映了沿海岸的生境演替,其前端不断前进使浅海变为浅海湿地,而后端的草甸湿地又不断失去水分而被开发利用。

当前端湿地的前进与后端的湿地消失速度相当时,海岸湿地带维持其动态平衡。如果其消失由于人为作用而加速时,则海岸湿地带就会失去平衡,加速消失。随着这种动态变化出现在海水与淡水交错地区,鱼类与甲壳类水生生物因其生态习性(如中华绒螯蟹的海水里生、淡水里长)就会生于此带,加上许多候鸟季节性迁移也以此为栖息之地。其生态上的作用与功能不可忽视。开发利用与生态系统保护应当考虑以后者的保护为主。

为此采取的对策,第一是应当在水的问题上注意开源节流。开源除在上游再建水库,增加对下游供水外,在辽河三角洲平原上应修建平原水库,开辟地下水资源利用,加强洪水对地下水的补给作为储存。节流方面,目前灌溉水稻用水,每亩达千吨,值得发展节水措施。在此情况下,设法提高现有水田利用效率,不再扩大面积,更不用将芦苇田改为稻田。

第二是石油开采,可以采用打丛井,减少占用农田与养殖用地。另外,加强环保,减轻污染。养殖池的发展应由数量增长转向质量提高,以技术提高其养殖效益。

第三是在沿海岸与河口地区,因生态的敏感性,已被国家定为国家级保护区,应当严格按规定保护好这里的生态环境。

看来,这里多种方式的土地利用,已产生相互依赖又相互制约的关系,为协调好布局,应当做好土地利用规划。

11.3　柳州市的城市总体规划

柳州市的城市总体规划是 2001 年由中国城市规划设计院与柳州市规划院共同完成的,现简要介绍如下:

11.3.1　地理背景

柳州市在广西壮族自治区北部。它是东北方向来的洛清江、北面来的融江、西北面来的龙江三江汇合的地方。三江汇合后,名为柳江。柳江南流,汇合西北方向来的江水河为黔江,黔江东南流入广西最大河流西江。西江东流至广东的广州,汇合北江、东江为珠江入海。

因此,柳州是以三江形成的小平原为基础的城市。柳州位于龙江与融江汇合后至洛清江之间形成两个弯曲度很大的曲流上。在一个曲流所包围的半岛的顶端,即三面环水之处,形成柳州古城的所在地。唐时柳宗元就被贬在此地为官。原古城有所扩大,形成今天柳州市的核心。(图 11-1、图 11-2)

从小尺度看,其曲流的城址十分险要,受河流环绕,有利于防守。从中尺度看,柳州位于三江汇合处,是三江流域的经济中心,是一个内、外交流的接触地带,也是从南面进入该流域的唯一通道。从广西壮族自治区尺度看,柳州位于从北向西南由桂林到南宁一线

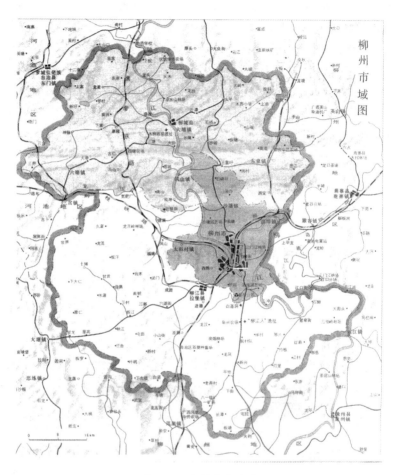

图 11-1 柳州市域地图

的中点。因此,柳州在广西的政治、经济、交通等方面地位十分重要。此外,它还与贵州相邻,是与贵州往来,并通过贵州与四川盆地

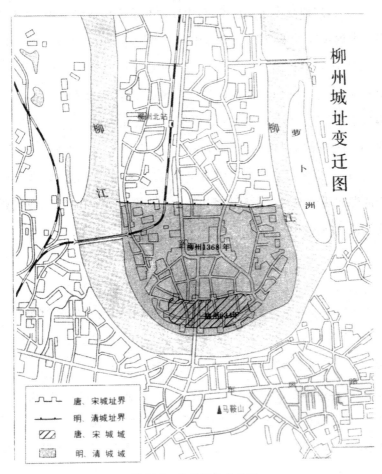

图 11-2 柳州城址变迁图

往来的必经之地。这里气候是潮湿多雨的亚热带地区,水资源丰富,生物种类多,水果多。地区多山,矿产种类多,易于开采。

过去,广西是个边远地区,与中原的联系由桂林往东北,用秦始皇开凿的灵渠进入湘江,再进入中原。另外广西的几乎所有水系最后都纳入西江,再经梧州进入广东。可是中原的物资进入广西,多由东北桂林入境;而广西物资的外出多由水运,从梧州出境。新中国成立后,为安全计,国家建设多把重点放在内地。20世纪60年代,美国出兵越南南部,轰炸越南北部,对广西的建设产生很大影响。

当时,为加强广西与内地的联系,将原来从桂林进入广西到柳州的湘桂线延伸到南宁与中越边境。除南宁必要建设外,广西重点建设都放在柳州。

11.3.2 柳州的发展与变化

新中国成立后,柳州虽然已经东有湘桂铁路与京广线的衡阳相联,西北有黔桂铁路进入贵州,是一个联系两条铁路的重要站点,但却是人口不满十万的小城市,工业几乎近于空白。为了西南地区国防的建设,柳州被定为投资的重点。在铁路建设上,使黔桂线在柳州到贵阳完成后,北上建设贵阳到重庆的川黔线,使其与成渝、宝成线相联,向西建设贵阳到昆明的贵昆线。更重要是在南北唯一的京广线西边建一条与其平行的铁路,即从太原到焦作的太焦线与焦作到柳州的焦柳线。使北由大同南到南宁,成为第二条"京广"线。这样,柳州则是三条南北通道的铁路联结点。可以说,柳州是广西的枢纽站,也是西南地区的枢纽站。这为柳州的发展带来坚实的交通基础。

在工业方面,其投资在广西方面居首位。轻工业方面主要是纺织与食品、造纸等。重工业方面,有机械、冶金、电力、汽车、建材等行业。经过 40 多年的建设,在工业方面,柳州市已建成门类较为齐全的工业体系,奠定了较为扎实的工业基础。

从经济结构上看,柳州市在 20 世纪 50 年代初,谈不上工业发展,经过近半个世纪的发展,使柳州发生巨大变化。以 1999 年为例,柳州市区的产业结构已转为二、三、一(57.80：39.72：2.48)。这说明其已从工业化前期阶段经初期进入工业化稳定阶段。从GDP 来说,柳州已从改革开放之初的 1978 年的 5.5 亿元增至 1999年的 137.2 亿元,增加 24.5 倍,年均增 17.35%。到 20 世纪末,柳州已成为人口近百万的大城市,在广西壮族自治区的地位,仅次于首府南宁市,居第二位,在工业产业上则居全自治区的首位。

从 20 世纪 70 年代末我国实行改革开放以来,我国经济形势发生根本性变化。原来倡导内向的自力更生,把经济建设的重点放在内地。改革开放后,经济建设重点放在沿海地区,采取吸引外资,加强外贸,利用沿海优势带动内地。广西虽有不长的海岸,但缺港口,其对外贸易都通过西江经广州、香港进行。广西为了自身也为整个大西南能有一个距离近而且方便的港口,遂决定将沿海地带作为建设的重点。

经过十多年的建设,广西沿海的北海、钦州、防城三港已形成规模,联结云南的南昆线以及贵州、四川的桂黔、川黔线等铁路网络形成,加上广西和西南地区与越南及东盟的经贸往来迅速发展,使广西的沿海、沿边、沿西江地区与城市成为广西经济发展速度最快的地区与新的增长极。相对来说,广西北部的柳州的增长速度与过去相比显得有所下降。例如柳州的工业增加值在全自治区内所占的比重由 20 世纪 80 年代的 20％左右,到 90 年代的中期降到 12％—14％,下降约三分之一。

上述情况说明柳州市已是一个有很好工业基础的城市,也正因此,亦产生两个新的问题。首先是城市建设的资金。过去计划资金在计划经济体制下,大多由国家直接拨付。在市场经济条件下,则主要通过税收来支持城市建设。柳州经济主要以大型企业为主,有近三分之二的税收上缴中央财政。而与地方税收有关的三产,在柳州比重不高,导致地方财政收入严重不足。

另一问题是过去的国企是由国家投资而建设起来,在市场经济条件下,由于投资单一和不足,在国内、外的竞争条件下,需要一个调整适应时期。在这时期,沿海城市往往有外资企业进入或民营企业兴起,使这些城市有了新的资金与动力。可是柳州既不在沿海,吸引力不强,又因广西过去落后,地方经济与民营力量薄弱,这就使柳州的经济必然经历一个发展速度减慢的调整期。但是,柳州的区位与其交通枢纽地位及周围丰富的生物资源和矿产资源并没有变,它是自治区内其他城市所无法替代的。

认清这种形势,对柳州市做出一个科学的城市规划是十分重要的。首先要认识柳州在新的形势下的地位与作用;其次是以新的标准来规划其目标与空间上各主要功能布局,近期要落实,远期要有余地;再次要形成一个生态环境优良,适合人居,并能吸引旅游者的山水城市。

11.3.3 城市发展目标与战略

根据形势与条件规划所定目标是:建设一个社会稳定、民族融合、经济繁荣、居民生活富裕、环境优美,具有综合功能的开放型现代化大型城市。

关于实现目标的战略措施,规划确定:

1. 要充分发挥城市的集散功能,实现城市与区域互动发展。从自治区的需要与柳州目前的基础条件着眼,要使柳州成为具有强大实力的工业和经济中心还需以发挥集聚效应为主,但在地域分工中妥善处理好城区与市区及柳州与桂中经济区的关系并亦应注意扩散效应,以便形成柳州与周边区域的互动。

2. 要构建合理的城镇体系,提高城市与区域经济竞争力。目前柳州与周边城市化差距拉大,而其本身的发展空间有限,在进行中心城市建设的同时,适当加强城镇体系建设以减轻自身压力。

3. 要加快结构调整步伐,顺利实现由工业主导型城市向综合型城市的转型。在调整中应当与转型提高相结合。

4. 要实施科教兴市和可持续发展战略。柳州与南宁相比,其科教力量的基础有相当差距,需注意科教的建设。

5. 要继续提高对外开放水平,加速柳州经济国际化进程。与沿海发达城市相比,开放水平方面,柳州有较大差距,应加强对外开放以促进自身发展。

6. 要加强人居环境整治与建设。由于欠账太多,在加强整治的同时要加快建设。

11. 3. 4 规划对策

(一)城市产业发展

产业结构调整战略应以工业内部结构调整为核心,重点发展技术密集型产业,以现代化技术改造传统的产业部门,快速提高产品的国际竞争力;大力发展以交通和流动为导向的第三产业,稳步提高第三产业在国民经济中的比重,同时加强农业的产业化和集约化经营,调整农产品结构,发展优质高效农业。

根据以上目标对今后三阶段的经济增长与结构调整要求:

1. 近期(2000—2005)

本阶段市区 GDP 将保持 11.5% 的增长率。二产仍保持 50% 以上比例,继续担当国民经济的绝对主力。提高电子设备制造业、机械加工、汽车等行业的技术含量,使汽车工业、机械工业、冶金工业、建材工业、造纸和日化工业成为主导产业。以旅游、交通、信息咨询、社会服务、金融保险、商业贸易、房地产为主的第三产业的技术含量得到逐步提高。

2. 中期(2005—2010)

本阶段市区 GDP 保持 10% 的速度增长,三产将上升占主导地位。二产结构升级趋于完成,逐步形成。该阶段支柱产业依次是电子信息、机械工业、汽车工业、建筑业、生物工程、建材工业、造纸和日化工业。三产业中旅游、信息通信、咨询服务、金融贸易等较好增长,逐步在第三产业中占据主导地位。

3. 远期(2010—2020)

市区本期 GDP 将保持 8％速度增长。三产将占 60％。在 2020年,初步形成高新技术产业群。汽车、电子、新材料、自动化设备、卫生保健品、环保设备将成为二产的新主力。三产将崛起一批以信息服务、资本市场、金融保险、教育培训等当代知识经济为核心内容的崭新工业。

（二）城市空间结构和城市环境的优化

在城市空间结构优化方面

结合产业布局的调整,规划建立多个城市的中心,促使柳州城市单中心同心圆的城市布局形态向双中心分片布局形态转变。具体表现为:① 随着产业调整,城中区将主要承担商业服务、信息咨询、贸易等三产功能,土地利用是"退二进三"。由于人口密度太大,逐步调整居住用地。城中区形成商务和信息中心。② 文化教育和科技功能从中心商务区分离出去。③ 缓解城中区居民压力,在其外建立新居住区。

在城市环境优化方面

柳州市环境污染由工业造成,出现酸雨、大气、水体、固体废物和噪声等污染。主要调控措施有:

① 通过技术改造和对污染环境的工厂的"关、停、并、转"以降

低污染。

② 优化城市布局与工业布局以控制污染的影响,使之与居住区相隔离。

③ 优化产业结构,减少污染源。

④ 加强基础设施,增加城市绿化率,改善与优化环境。

（三）城市性质与规模、规划范围

城市性质

以工业为主综合发展的区域性中心城市,交通枢纽、山水风貌独特的历史文化名城。

城市规模

根据测算,并依照国家与广西壮族自治区城市化方针,确定城市合理人口规模为:2005 年为 120 万,2010 年为 140 万,2020 年为 180 万。用地规模的初步匡算为 2005 年为 120 km²，2010 年为 140 km²，2020 年为 180 km²。全市范围为 658 km²。

（四）城市结构与用地布局

城市发展方向的基本判断

柳州市是先在柳江曲流环绕的狭长半岛南端发展起来。其东、南、西三面为柳江所限,自身只能向北扩展(图 11-3)。因为柳州是在广西东北从中原经桂林进入柳州,再由柳州到南宁的大道的中点。柳州城南早先有浮桥过江。所以在柳江南岸有交通与商贸集聚点与江北古城相对。近代铁路修建后,古城向北部半岛延伸,南岸则沿江发展。1949 年以后,工业与城市发展,空间上交错进行,

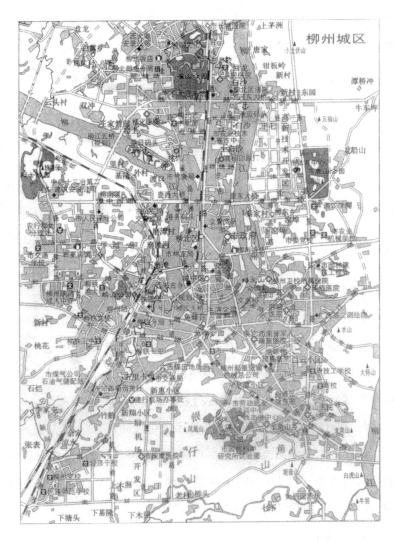

图 11-3 柳州城区图

但大型工业相对集中于西南与西北。目前是围绕半岛沿江向外展开，功能分散，缺乏集中，不利发挥效益，不利环境保护，应当予以调整。现在，半岛以外的发展，在东、西、北、东南都遇到山体，仅有西南开口，尚有（约 100—130 km²）余地。总体来说，可用空间已近布满，余地不多。本次规划以后的新发展，人口的增加（如 200 万），范围的扩大，可能要突破此范围，出现分离的功能组团与多核布局。

现应以半岛与隔江相邻地区为向心的主体，而北部、西南与东南的边缘为向外突出部位，建设新工业与搬迁工业，建设新的居住区，形成新的经济发动机。这是在实现内部整合的同时，向外部作有序拓展。

（五）重大城市构成元素选址考虑

1. 中央商务区与城市商业中心布局选址

随着柳州的发展，对外交往扩大，一个一定规模的中央商务区（CBD）是必要的。由于原地的狭小，可考虑另选新址。如有新址，则现旧城所在地可作为全市零售商业中心、商业服务中心。

2. 高新技术研发园区和高新技术产业区

高新技术研发园区可以选择现高新技术开发区（在柳江东岸偏北处），亦可选新区，或一园多区的分散。其选择地点应是交通便利、环境优美、发展潜力大的地点。

3. 行政中心

现在三中路，地域狭小，交通不便，发展空间不大。在现址向东跨柳江与东环路之间地带较为合适。再向东，则离中心太远。

4．城市分区及规划对策

根据规划的对策分片如下。

柳北片：在半岛中部胜利小区以北，以工业为主的生产性区域，以整治为主。

柳西片：柳江及湘桂线以西，以工业为主的生产性区域，以整治为主。

柳东片：柳江以东，为新兴综合区。

阳和片：柳州市东南，在高速路以东，为以新兴工业为主的综合区。

河东南片：湘桂线—柳江—柳东片之间部分，为新兴生活区，整治与扩展相结合（图 11-4）。

（六）城市景观风貌

柳州市区四面环山，中间开阔低平，柳州九曲环行其间，加上孤山散落、群峰环峙，人与自然相映成趣，形成山水景观独特的历史文化名城。

其总体结构为三环两轴一中心的景观结构。

三环指：山环、水环、绿环。

山环：四面环山、四面秀峰形成柳州城外的天然屏障，成为人们闲暇郊游时的极佳场所。

水环：柳江抱城形成半岛，处于景观的核心，环城曲水流觞的动感与美感，成为人们活动频繁的地带。

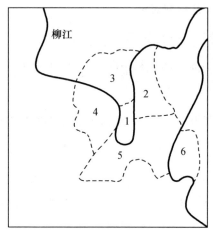

图 11-4　柳州城市分区

1. 城中片　　　　2. 柳东片
3. 柳北片　　　　4. 柳西片
5. 河东南片　　　6. 阳和片

绿环:现状已形成的城市公园,已形成一个绿环。这些公园多依独山而设,形成景观观赏的制高点,使城市景观与水色尽收眼底。

两轴是以南北为轴线的跃进路和以东西为轴线的潭中大道十字交叉,成为柳州市的历史文化、城市风貌及新与旧的交汇连贯之处。

中心是指中心展示区。它指在南岸有幡龙、驾鹤、马鞍、鹤山等山相环立与北岸古城,形成山、水、古城相对应的景观展示区。加环市周群峰、古城内的孤山、水体,出现"城在山中,山在城中,城在水边,水在城里"的山水一体景观。这使柳州成为名副其实的景观独特的山水之城。

20多年过去了,柳州市城市总体规划得到了很好的实施,这个规划还获得了全国城乡规划二等奖。

11.4　美丽杭州建设[①]

建设美丽中国，实现中华民族永续发展，是一项开拓性、长期性的系统工程。在城市层面，这里以杭州为例进行探索。

杭州位于浙中山地向杭嘉湖平原的过渡带，西高东低，拥有山地、丘陵、平原，地貌类型完备；拥有森林、湿地、农田、果园，生态系统多样；江、河、湖、溪、海齐全，湿地类型丰富。杭州兼具城乡，市区面积占 18.5%，具有广阔的农村腹地。杭州是我国古都之一，历史文脉悠久，吴越文化、南宋文化、运河文化、丝绸文化、茶文化等灿烂多彩，物质和非物质遗产异彩纷呈，人文底蕴厚重。杭州拥有山水人文的先天优势和率先发展的后天成效，自然环境多样，城乡格局兼备，正处于经济社会发展和城市建设的转型关键时期，具有很强的典型性、代表性。

2013 年，杭州市委、市政府委托中国生态文明研究与促进会、环境保护部环境规划院开展了美丽杭州建设战略研究，形成了《美丽杭州建设战略研究报告》和《美丽杭州建设实施纲要（2013—2020年）》，并通过决议开始规划和行动。

---

① 根据万军、李新整理的生态环境部环境规划院案例：美丽杭州建设战略规划纲要研究编制——首个城市层面美丽中国建设理论及实践探索。

11.4.1 规划要点和创新

根据杭州市域的自然和人文地理基础、经济发展状况、环境关键问题,提出规划的总体思路、美丽城市的内涵、指标体系及重点任务。

1. 总体思路

将美丽杭州建设作为未来一段时期杭州市发展的统领,以生态文明建设为主线,坚持生态优先、绿色发展的原则,坚持以人为本、富民强市的方向,坚持系统管理、综合推进的方法,坚持品质为上、特色当先的导向,坚持政府主导、全民参与的机制,抓住增进自然资本积累、提升城市形象、提高群众生活质量三大工作重点,通过补短板、优格局、推典型、建机制四大战略途径,力争通过三个阶段的不懈努力,到 2030 年,使杭州成为享誉全球的旅游胜地、天堂胜境、品质之城、美丽城市。

2. "美丽城市"的内涵

美丽城市的内涵体系可以概括为:既强调城市视觉形象(自然生态环境、要素环境色彩及人工景观风貌)、理念形象(产业发展)及行为形象(社会人文精神及生活品质)三个层面协同增效、整体秀美,也要求自然系统(自然生态、环境要素)、经济系统(产业发展、城乡建设)、社会系统(社会文化、社会生活)三个系统稳定共生、良性循环。应以内秀外美、立体复合的和谐之美为总要求,在自然美、环境美、人居美、产业美、人文美、生活美六大体系及其具体领域扬长补短,全面提升城市自然生态与经济社会行为的和谐程度,实现山川秀美、环境健康、城乡宜居、发展绿色、人文厚泽、生活幸福,打造"美丽六面复合体"。

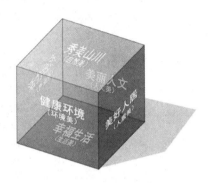

图 11-5　美丽城市六面体

3. 领域特征和指标体系

基于"美丽城市"理论内涵,构建了美丽城市六面体的领域特征(表 11-1)和指标体系(表 11-2)。

表 11-1　美丽城市体系及其领域特征

体系	表现特征	领域要求	基本要求
秀美山川 (自然美)	秀美	格局稳定 功能健全 质量优良	系统完整、协调平衡 共生共享、生生不息 类型多样、山水共生
健康环境 (环境美)	健康	水系清洁 空气清新 土壤安全	功能健全、水清鱼跃 蓝天白云、神清气爽 风险可控、质量保障

（续表）

体系	表现特征	领域要求	基本要求
美好人居 （人居美）	宜居	风貌独特	今古协调、城景交融
		设施健全	配套完善、低碳环保
		社区和谐	便利可达、绿色和谐
		乡村优美	田园风光、整洁宜居
		建筑绿色	协调融合、节能低耗
活力经济 （产业美）	活力	方式友好	布局优良、结构合理
		动力内生	自主创新、特色彰显
		过程高效	节能低碳、循环清洁
美丽人文 （人文美）	文明	弘扬传统	底蕴深厚、传承光大
		文化生态	崇尚自然、天人和谐
		道德高尚	诚信尚义、奉献向善
幸福生活 （生活美）	幸福	社会和谐	公平平等、开放包容
		身心健康	体健心悦、安乐长寿
		行为绿色	节能低碳、简约适度
		生活舒适	富庶安宁、舒心乐业

表 11-2　美丽杭州建设指标体系（2013）

目标	重点和关键性指标
山清水秀的自然生态	1. 生态红线保护率（%） 2. 森林覆盖率（%） 3. 森林总蓄积量达到（万立方米） 4. 重要湿地受保护的面积比例（%）
天蓝地净的健康环境	5. 城镇集中式饮用水水源地水质达标率（%） 6. 农村安全饮水达标率（%） 7. 城市水体（湖泊、内河、运河）达 IV 类水比例（%） 8. 空气质量好于二级标准的天数（天） 9. PM2.5 浓度年均值（ug/m3） 10. 农业用地土壤环境质量达标比例（%）

（续表）

目标	重点和关键性指标
绿色低碳的产业体系	11. 服务业增加值占地区生产总值比重（%） 12. 十大产业增加值的比重（%） 13. 全社会研发经费支出占地区生产总值比重（%） 14. 单位 GDP 碳排放强度（吨/万元） 15. 单位 GDP COD 排放强度（kg/万元） 16. 单位 GDP SO_2 排放强度（kg/万元）
宜居舒适的人居环境	17. 50 年以上建筑（房屋）受保护比例（%） 18. 公共交通分担率（%） 19. 市级以上卫生乡镇（街道）比例（%） 20. 市级以上卫生村比例 21. 绿色社区比例（%） 22. 美丽乡村（风情小镇、中心村、精品村）个数（个） 23. 节能建筑比例（%）
道法自然的人文风尚	24. 物质文化遗产定期维护，保存完好率（%） 25. 生态文明宣传教育普及率（%） 26. 公共场所道德行为文明率（%）
幸福和谐的品质生活	27. 劳动年龄人口受教育年限 28. 城镇居民基尼系数 29. 平均预期寿命（岁） 30. 城乡居民医疗保险覆盖率（%） 31. 绿色出行比例（%）

其中，先于全国将城市 PM2.5 年均浓度纳入指标体系，并将美丽乡村（风情小镇、中心村、精品村）个数、生态文明宣传教育普及率、城镇居民基尼系数等体现全域美丽、公民美丽感受等指标纳入指标体系中。

4. 重点任务

在着力完善城乡区域空间布局的基础上，提出六个关键任务：

一是以构建"一屏六带多廊多点"的生态安全格局为突破口,奠定美丽杭州建设优良的自然生态本底,形成生态红线应保尽保、景观格局有控有保,使山川更加秀美;二是以改善城市内河和运河水质、防治灰霾为重点,预防优先、治理为主、系统施治,打造健康环境惠民生;三是以绿色基础设施、绿色社区、美丽乡村建设为核心,宏观、中观、微观三层次一起抓,建设景观美、设施全、出行便、风情浓、建筑谐的美好人居;四是以产业发展与资源环境承载相适宜为原则,优布局、调结构、重创新、现特色、节能源、减污染,加速绿色转型,构建杭州活力经济体系;五是以生态文化培育、以文化人、提高文明高度为中心,传承优秀传统文化,提升社会道德水平,构建美丽杭州的精神家园和人文内核;六是以居民绿色生活方式蔚然成风、为美丽增色为方向,健全公共服务,提升百姓对美丽杭州建设成效的认同感和幸福感。

5. 推进机制

杭州市成立了生态文明建设(美丽杭州建设)委员会,并构建了美丽杭州建设中长期纲要——滚动编制三年行动计划——年度工作责任书——年度考核的实施体系,把美丽杭州建设的关键指标和任务纳入各级政府目标责任和考核体系,制定纲领性支撑保障文件和法律法规,实现美丽建设顶层引领的具体化。

同时,把社会多元参与、联防联控、公共服务公平共享等机制完善为重点,构建美丽杭州建设的全民行动、区域协调格局;并且完善政策制度,实施最严格的资源环境管理等一批激励约束政策制度,完善生态文明制度政策。

11.4.2 规划实施情况

2021 年,技术组对《纲要》实施情况进行了系统评估。评估结果显示,《纲要》确定的"六美"建设目标任务圆满完成。一是自然生态更加山清水秀。全市森林覆盖率达到 66.9%,与北欧国家相当,全市森林公园达到 22 个;自然保护区(小区)31 个,其中国家级 2 个,清凉峰、天目山国家级自然保护区及其他自然保护地得到有效保护;湿地占全市土地总面积的 7.0%,国家级湿地公园 1 个,省级湿地公园 3 个,杭州西溪国家湿地公园被收入国际重要湿地名录,被评选为中国"十大魅力湿地"。二是健康环境更加天蓝地净。2013—2020 年,市区 PM2.5 年均浓度由 70 微克/立方米下降至 29.8 微克/立方米;市控以上断面水质达到或优于Ⅲ类比例由 83% 上升到 98.1%;全市污染地块安全利用率达到 100%。三是产业体系更加绿色低碳。单位 GDP 主要污染物 COD、SO_2 排放强度好于发达国家人均 GDP 2 万美元左右时的同期水平。四是人居环境更加宜居舒适。美丽城乡建设全域推进,完成 149 个小城镇环境综合整治,建成 1048 个美丽乡村,在全国率先实现"建成区 5 分钟步行可达绿道网"。五是人文风尚更加道法自然。继西湖之后,京杭大运河、良渚古城先后申遗成功;实施还湖、还山、还景于民,让城市有颜值、有温度。六是品质生活更加幸福和谐。建成全球最大的公共自行车系统,实现居民小区生活垃圾分类全覆盖,平均预期寿命

83.12 岁、达到国内领先水平。八年来,杭州在省会城市中率先建成"国家生态市",荣获"国家生态园林城市"等称号,成为全国唯一的"幸福示范标杆城市",成功举办 G20 杭州峰会、联合国世界环境日全球主场活动,美丽杭州建设成果得到国内外高度赞誉。

11.4.3 科学及实践意义

"美丽杭州"建设具有重要的科学与实践意义:一是为美丽中国的内涵特征提供了理论雏形。美丽杭州探索的美丽城市六面体的内涵,为后续在美丽中国内涵研究中提供了重要的理论借鉴与支撑。二是为城市层面美丽建设提供了先行探索经验。将"美丽"由理念、想象、愿景落到了实处、细处、行处,打造了由宏图、蓝图到路线图、施工图,最终形成美丽图景的丰富成果。三是为美丽建设久久为功提供了先行样本。我国提出到 2035 年基本建设美丽中国、21 世纪中叶全面建成美丽中国的战略目标,美丽中国建设仍在起步半程期,需要久久为功。美丽杭州建设为其他城市的美丽建设提供了先行样本。

为打造美丽杭州 2.0 升级版,杭州市委、市政府再次委托生态环境部环境规划院牵头开展新时代美丽杭州建设战略研究,并于 2020 年 6 月,印发实施《新时代美丽杭州建设实施纲要(2020—2035 年)》《新时代美丽杭州建设三年行动计划(2020—2022 年)》,确定了杭州市新时期开展美丽建设工作的总体方案和实施计划。我们相信,杭州市将会更加美丽和持续发展。

11.5 敕勒川(哈素海)旅游区开发项目的策划[①]

哈素海是位于内蒙古呼和浩特市以西约 70 km 的人工湖。形成于黄河引水作灌溉用的蓄水湖泊,水面面积 32 km²。湖水只有几米深,有些湖面因黄河水带来的泥沙沉积成浅滩,生长着茂密的蒲草与芦苇,水中养殖着淡水鱼。周围是大黑河流域平原,地形平坦。北面约 20 km 处为东西走向的大青山,海拔高度约 2 000 m,拔地而起,山势陡峭,形势险峻,犹如一道天然屏障。这里气候干旱,年降雨量为 400 mm,属草原地带。

自 20 世纪 90 年代,旅游的发展,哈素海逐渐成为呼市与包头两地之间的旅游景区。生活在气候干旱、难见水体地区的居民,对哈素海存有新鲜感。这里于 1993 年建立旅游度假村。到 2003 年已达年 20 余万人次游客。并建有宾馆、餐厅以及蒙古包区、娱乐区、垂钓区、草原区等旅游项目。总的来说,其游客增长速度慢,甚至出现滞长现象。为此,当地旅游部门与旅游经营单位邀请旅游规划的公司与院校参加策划进行投标。下面是投标者之一的策划思路。

---

① 该方案由余青、王恩涌、汪芳等所策划。

11.5.1 敕勒川(哈素海)旅游区的定位

哈素海原旅游度假村是以水体为主要内容的旅游区。内蒙古是一个以草原为特点的地区,由于气候干旱,水体不多,但是,也有几个有名的湖泊,如呼伦贝尔的呼伦湖、乌拉特前旗的乌梁素海与克什克腾旗的达来诺日,其面积比哈素海大得多,名气也大得多。特别是乌梁素海,就在包头市的西边,距包头市仅百公里。因此,哈素海在内蒙古的地位不高,仅是所在位置处于呼和浩特、包头、鄂尔多斯市中间,其吸引的也只是这个三角地区的城镇居民。即使如此,乌梁素海的竞争力仍是很强大的,而且其位于包头以西,其对包头的吸引力亦超过哈素海。因此,哈素海景区定位应从更大的范围与更高的视野去考虑,也就是设法使该景区吸引力超过此三角地区,超出内蒙古。

哈素海所在的地区,是古代歌谣《敕勒歌》的原址,据对读过中、小学的人调查,知道或听说过《敕勒歌》中"风吹草低见牛羊"诗句的几乎占 80% 以上,但是知道"敕勒川"所在地的人却不太多。敕勒川的那种草原景观有很深的意境。在蓝天白云之下,绿色茫茫的草原之上,茂密的高穗禾草,在微风摇曳之下,不时露出其中的牛羊。

可惜,这里曾让人神往、留恋的那种草原今天为养育更多的人,已被人为的农业景观所取代。过去那种草原只留在诗人的歌谣中,并又从歌谣而印在人们头脑之中。如果将这个头脑中的意境重现于现实中，就是一个颇吸引人的景点。它的吸引范围就不会限于内蒙古，而是全国。正如在招标会上，有人提出，策划好一个哈素海景区，只能引起呼和浩特、包头、鄂尔多斯三角地区人们的注意，策划好敕勒歌所指的一个景区，就会引起全国人民的注意。关键在于如何重现一个"风吹草低见牛羊"的意境。

敕勒川上的草原是一种景观，如果再进一步，将草原上的人物，他们当年金戈铁马、可歌可泣的事迹结合草原表现出来。特别是"只识弯弓射大雕"的成吉思汗，他是历史上第一个建立欧亚大帝国的人物，作为景区策划的重要内容，就不仅会吸引中国人，也可以吸引些外来的旅游者。他从蒙古高原上兴起，走向内蒙古，进入中亚。后来，又回来，去世后留其陵在内蒙古的鄂尔多斯高原上、离呼市不远的西南——伊金霍洛旗。回想起一位著名的历史学家翦伯赞曾在1961年访问内蒙古，其后写了一篇《内蒙访古》。在该文的最后，他说他可以说揭穿了一个历史的秘密，即为什么大多数的游牧民族都是由东而西走上历史舞台。现在问题很明白了，那就是因为内蒙古东部有一个呼伦贝尔草原。假如整个内蒙古是游牧民族的历史舞台，那么这个草原就是这个历史舞台的后台。很多的游牧民族都是在呼伦贝尔草原打扮好了，或者说在这个草原里装备好了，然后走出马门。……而阴山一带往往出现民族矛盾的"高潮"。高潮出现地，也就是历史舞台的前台。

成吉思汗把他在舞台上的最后一幕留在这里。翦伯赞所说的"高潮"是游牧民族兴起的高峰。他说的阴山,即呼市北面的大青山,尽管今天是山河依旧,人物已非,正如翦伯赞在其文最后提到民族冲突"悲剧的时代已一去不复返了……为了让我们更愉快地和过去的悲剧时代诀别以及更好地创造我们的幸福的未来,回顾一下这个过去了的时代,不是没有益处的"。今天的旅游应当发挥这种"有益处的"作用。

从以上的分析可以得出,该景区的定位应当放在敕勒川,其内容应是千古草原—中原文化大融合为特色的中国经典草原休闲旅游的目的地。

11.5.2 敕勒川(哈素海)草原休闲旅游区的内容的策划

千古草原上的中原文化大融合

长城一线是我国农耕文化与游牧文化的接触地带,这里既有金戈铁马的激烈冲突,也有文化的相互交融与整合。在长城一线,呼和浩特的河套地区与河西走廊居于重要地位。在历史的王朝中,两汉、两晋、唐、元、明是重要的时代。

两汉时期。在秦始皇以后,中原已出现统一的王朝,而长城以北的草原已出现统一的民族政权。其后,中原王朝不断出现新王朝代替旧王朝,在草原地区,一个民族政权被另一个民族所取代。两汉时,草原上统一的民族政权为匈奴。秦始皇时,在消灭六国,完成统一后,为阻止匈奴南下威胁,派大将蒙恬北击匈奴,夺回"河南地"(即河套地区),设置郡县,移民屯垦,并整修过去边墙,连贯成长城。

秦末中原动乱,匈奴乘机南下,占河南地。刘邦建立西汉,为阻止匈奴继续南下,引兵北上。由于匈奴兵强,被围于白登(今大同东北),幸而用计得脱。西汉为稳定局势,对匈奴采"和亲"之策。但匈奴仍不断侵犯边境,武帝时,遂经过充分准备,派卫青、霍去病等在河套与河西走廊击败匈奴。在该地开渠屯地,修亭障烽燧以驻守。匈奴遂被迫北移。汉遂派大军越过无水草的戈壁荒漠,攻击其漠北根据地,使其大受损失,势力大减,难以再南下与汉争夺。此时,匈奴分南、北两部分,漠南蒙古遂留下依附于汉,为汉守边。此时,汉遂采和解政策,允许留下,并给以经济支持,同意和亲,遂于西汉元帝时,应南匈奴呼韩邪单于之请,以宫人王嫱(昭君)出嫁,作为一个"和番使者",对保持边境安宁起了积极作用。昭君在匈奴有一男二女。其子女后亦为汉、匈友好奔走。目前,在哈素海东南约 60 km处,还留有昭君墓,已成为重要景点。翦伯赞在《内蒙访古》中还写诗道:

汉武雄图载史篇,长城万里遍烽烟。

何如一曲琵琶好,鸣镝无声五十年。

两晋时期。这里是鲜卑人所居之地。鲜卑人拓跋部初建代国,都盛乐(今呼和浩特南和林格尔县城北的土城子),后为前秦所灭。前秦败于淝水之战后,代国重建,改称魏,史称北魏,都平城(今大同)。北魏强大后,统一北方,与南朝相对峙。北魏最大的特点,是统一北方后,在冯太后与孝文帝时,主动进行了全面的汉化改革,不仅在政治与经济制度方面采用汉族王朝的制度,而且在贵族中大力推行汉化改革,如禁止着胡服,改穿汉人服装,朝廷上禁鲜卑语,改说汉话;规定鲜卑贵族在洛阳死后,不得归葬平城,并改他们籍贯为河南洛阳,改鲜卑姓为汉姓,提倡他们与汉族高门通婚。为推行汉化改革,将首都由平城迁往洛阳。

唐时期。东突厥兴起,唐初,其曾大举南侵。太宗后借其严重雪灾、内部不和、上层分裂,派大军一举大破东突厥,俘其可汗。东突厥灭后,太宗将其归附之众安置在内蒙古与陕北交界一带。其旧统治区设立羁縻州,保持其原有部落建制,使其地经济得到发展,与唐的联系得到加强。同时,唐又安排一部分贵族于长安,皆拜将军,布列朝廷。因此,草原上的各族酋长推尊唐太宗为“天可汗”。唐与草原各部经济、政治、文化各方面联系都有所加强,开创了一个新的局面。

元时期。13世纪初,蒙古在漠北兴起,成吉思汗统一蒙古高原上各部,建立大蒙古国。统一后,成吉思汗即率兵南下,进攻金与西夏,掠夺大量财物而归。后成吉思汗又率兵进中亚,不仅攻占花剌子模,还派兵追击直到高加索与乌克兰,欧洲震动。成吉思汗回师,灭了西夏,此时病卒营中,其安葬地为历史之谜。后人为便祭奠,将他生前用过的宫帐安放在阿尔泰山和肯特山之间的高原上,作为其象征性陵寝。它在以后几百年曾多次迁移。1956

年建成了现在的位于内蒙古伊克昭盟的伊金霍洛旗伊金霍洛苏木的成吉思汗陵。

成吉思汗去世后,其子窝阔台、其孙蒙哥相继即汗位。其间两次西征,并建立窝阔台、察合台、钦察、伊利四汗国,地跨欧亚。在东部,灭了金。蒙哥去世,其弟忽必烈与阿里不哥争夺汗位,忽必烈取胜后在汉地建立元朝,而西边四大汗国亦分别独立,大蒙古帝国遂分裂。

忽必烈虽锐意改革,但受蒙古贵族既得利益者多种阻挠,难以进行。其去世后,国势亦日衰,终于引起江淮地带的农民大起义,政权很快垮台,成为历史上一个延续时间仅百年的朝代。

大蒙古国的成吉思汗是个武功显赫之主,忽必烈是个有志未竟之君,却留下一座辉煌的北京城。

明时期。在江淮一带起义军中,朱元璋最后战胜群雄并北上赶走元顺帝,建立明朝,都南京,后其子朱棣取代其侄建文帝,迁都北京。

其后蒙古瓦剌部兴起,在漠南地区造成对大同的威胁。曾在土木堡俘明英宗。

到明后期,下河套地区的蒙古俺答部兴起,以该地为基地对明不断侵袭。因其孙在明受优待,使双方友好相处。当时俺答妻三娘子在双方友好往来上发挥重要作用。史称三娘子以"历配三主,主兵柄,为中国守边保塞,众畏服之",因其功绩,明封为"忠顺夫人"。今天的呼和浩特市古城就是俺答汗与三娘子所建的大板升城。为此，又称该城为三娘子城。三娘子去世后，其遗骨存在今土默特右旗美岱召（在哈素海西约十多公里处）的"太后庙"内，现庙台仍存有三娘子遗物，墙上有其事迹壁画。

从以上两千多年来的中原文化与草原文化大融合的过程中，我们可以看到两者之间的冲突与征战、内迁与依附、和亲与援助、交往与互市、融合与汉化，一直到现在的共存与整合。其间留在历史、古迹、民俗、传说中的文化是很丰富的，人物的形象与事迹是很吸引人的，这里面作为旅游策划来考虑的，可以有以下几方面：

首先是冲突与征战，可以选汉武帝派卫青与霍去病收复河南与河西走廊，远征漠北。另外，是成吉思汗的征战，通过征战的双方情况以认识地理环境的特点，彼此的优势与弱点，骑兵战术的发展（从无马镫到有马跨，从无盔甲到人马带甲，从简单的冲杀到近战的冲锋、放箭到迂回包围、到快速奔袭以说明在冷兵器时代骑兵战术的优越与特点）。在表现方式上，要适合旅游者的视觉与感受，应突出形象、动态、真实，应充分利用声、光、电的似真表演。

其次是和亲与交往，昭君与三娘子是历史上的典型人物。她们是真人真事，而且今天又都留有墓地、遗物，为历史作出了贡献。她们又是汉朝的一头明朝的一尾，而且又都在一地，墓地又相近，很值得来旅游。

一个是"一曲琵琶""鸣镝无声五十年"，一个是"主兵权""众畏服之"，一个是汉人，一个是蒙古人，是异曲同工、值得颂扬的人物。

再有是起于此的北魏，控制中原半壁江山的北魏孝文帝，5岁即位,19岁亲政,23岁力排众议,迁都洛阳,大力推行汉化。可以说,他是位有远见、有胆识、有决心、有执行力的人物。

11.5.3　经典草原

我国草原中较好的有东北的呼伦贝尔草原、新疆伊犁河谷草原与阴山以南的敕勒川草原。前两个草原一个在东北,纬度高,温度低,蒸发量低,属低温草原;另一个在新疆,恰好在天山西缺口处的伊犁河谷,受西风影响较湿润。这两个草原水分稍多,带草甸性。敕勒川在内蒙古中部偏南,温度高,蒸发量大,为旱生性草原,以典型的旱生草原禾本科的针茅为主,故称经典草原,亦称典型草原或真草原。

草原为草本植物组成,看样子低矮,种类少,有人认为不如森林景观。其实不然,草原有自身特点。人们进入森林后,因树高,叶密,挡着人的视线,处林冠树下,只能看到眼前而不见森林。草原不同,人可以立在草原之上,可以一望无际,真是心旷神怡。

草原与森林在结构上是不同的。森林结构分层,有乔木层、灌木层、草本层、地被层。有时乔木层又可以有不同高度乔木。草原的草也有高矮,但不明显,其结构特点不是森林那样垂直空间上变化的分层,而是时间变化上的季相。季相是指草原因时间不同,而有不同种类的草达到最上层,开花、抽穗,形成不同的色彩。从草原的草类萌生以后,到草类枯死,不同草原有景观不同的季相。针茅草原,针茅长得最高,其小穗上有芒。芒虽细如针,但银色,在日光照射下,借风力吹动,发出闪闪的反射光,是其重要特色。草都将花开在顶部,不同季相往往代表不同草原草类的花期交替。这在草原旅游上应当充分利用,适当采取措施以扩大其效应。吉林长白山西坡就利用山坡不同高度、各种类型草本植物的花期组合来吸引游客。

敕勒川的草原由于农业的利用,已基本上多开辟为农田,可以说,草原已面目全非、不复存在。要使此景区达到前面千古草原上的中原文化大融合的要求,如果完全是农业景观而无丝毫草原风情环境,游客会觉得不值得一游。所以,恢复草原景观不但是实现古敕勒川草原旅游需求,还是为达到前面文化大融合旅游目的要求。

根据当地的地理环境与目前尚保留的一些零星半原始半人工的草原情况看,是可以适当恢复一定面积的典型针茅草原。同时,可以考虑复制些其他类型的草原,如草甸草原、杂类草草原、荒漠化草原、灌木草原等,还可以种植些草原上的典型植物,让游客可以对草原世界有一个新的认识,以扩大视野,改变过去认为草原"单调"的印象。

草原作为旅游不单是植物景观。草原上应有放牧的羊群、马群,应有赛马、骑术表演,骑着马,坐着马车在景区草原上观光、行动和游荡。草原辽阔,蒙古人爱马头琴,所唱歌声浑厚,拖音长而声激荡的草原牧歌,加上舞蹈表演,特别是创造节日摔跤、赛马、歌唱、舞蹈等吉庆节目表演。在辽阔草原上,更使游客获得草原的感受。要使这里的草原旅游是内蒙古特色的,在内容丰富上居于前列。

11.5.4 休闲旅游

这里的哈素海应当在休闲旅游上作文章。哈素海不是自然的水体,是引黄灌溉的储水库。它可以利用自己地势比黄河水位低,以便引进黄河水;又要高于周围地面,以便靠自流使水流到需要之地。为了能多储水,将挖深的泥土堆作哈素海周围的堤。水从库西北入,南面出。来水有泥沙,入库为静水,泥沙多沉淀于库北,故北半部多浅滩、芦苇,蒲草长势很好。湖水面较辽阔,可以进行各种水上活动,库中养鱼,是发展特色餐饮的好原料。堤外低地因库面高,使其地下水位高,蒸发大,出现盐渍化的植被。

目前的旅游、餐饮、住宿多在东面堤外。根据过去的景区旅游经验,这里的水景除对本地人有吸引力外,亦是配合冲着历史民族融合与草原文化而来的外地游客。其景点策划可围绕休闲展开。

哈素海库中北部的芦苇与蒲草滩,应适当修整,可以改造为迷宫式的航道,曲曲折折,幽深寂静,游客在此环境中,大多会感到别有风趣。在东岸,可以考虑设置合乎标准的戏水、游泳场地。内蒙古虽然夏季不长,但因干旱缺乏水体,甚至当地人终生都难以全身心地在水体中享受人生,设置游泳场,人们定会对此有强烈需求。如果有太阳能利用,或其他方式(如室内)使其延长时间亦不失为一种方案。湖面可以根据情况视深度分割为不同娱乐区。南部堤外低地可以加挖深作为季节性养鱼池,开展钓鱼或其他捕鱼、捉鱼等活动。

为吸引呼市、包头、鄂尔多斯市三城市的三角地区内居民周末休闲活动,亦可配有游乐园。

11.5.5 空间结构

敕勒川(哈素海)旅游区的空间结构可以分内与外两方面。在外方面,又可分近与远。

在外部的空间结构,远处应当与伊金霍洛旗的成吉思汗陵相联,近处应与昭君墓、美岱召与土城堡相配合。

在内部,可以分出一心四区。

一心就是该景区的接待集散中心,形成娱乐、水上游览观光、度假、游憩住宿餐饮设施为主的集吃、住、游购、娱乐于一体的综合旅游中心,强化接待功能和集散功能,形成高品位的旅游接待中心。重要在于表现草原的环境与景观,在餐饮等方面既有草原特色,又能使游客适应、接受和欣赏。

四区:

民族文化融合区。以形象、真实、动态来表现典型人物、典型事例,使游客体会到尽管有冲突与征战,但是民族的融合总是历史的必然。

敕勒川草原文化区。由恢复的草原感受到原生态的草原环境。从骑马、射箭、坐车、歌唱、舞蹈、餐饮以及各种比赛、表演中享受到丰富多彩的内蒙古草原文化。

　　哈素海滨水与亲水休闲旅游区。以水上娱乐、亲水活动为主的休闲旅游区。

　　生产与生活风情体验区。以亲身实地体验其周边农家乐、牧家乐和渔家乐为主的旅游区。

主要参考文献及推荐阅读书目

赵荣:《地理学思想史纲》,陕西科学技术出版社,1991。

司徒尚纪:《简明中国地理学史》,广东省地图出版社,1993。

《中国大百科全书(地理卷)》,中国大百科全书出版社,1990。

伍光和等:《自然地理学(第四版)》,高等教育出版社,2018。

李小健等:《经济地理学(第三版)》,高等教育出版社,2018。

王恩涌等:《人文地理学》,高等教育出版社,2000。

武吉华等:《植物地理学(第四版)》,高等教育出版社,2004。

杨景春等:《地貌学原理(第四版)》,北京大学出版社,2017。

邬伦:《地理信息系统:原理、方法和应用》,科学出版社,2001。

马蔼乃:《地理信息科学:天地人机信息一体化网络系统》,高等教育出版社,2006。